Ingrid Sender

Ratgeber

DAS BORDERLINE-SYNDROM

Wissenswertes für Betroffene
und deren Angehörige

CIP- Medien 2000

CIP-Medien 2000 • ISBN 3-932096-05-3
Bezugsquelle: CIP-Mediendienst
Nymphenburger Str. 185 80634 München
Fax: 089-132 133 • 089-130793-21
e-mail: cipmedien@aol.com
Internet: www.CIP-MEDIEN.com

Inhalt

Vorwort

Ein Borderline-Syndrom, was ist das und wie wird es behandelt? Die Erkrankung gehört nach dem heutigen Stand der Wissenschaft in den Bereich der Persönlichkeitsstörungen. Da der Begriff „Borderline-Persönlichkeitsstörung" oft als stigmatisierend erlebt wird, spreche ich im Folgenden von „Borderline-Erkrankung", auch wenn dies nicht dem wissenschaftlich korrekten Begriff entspricht.

Ziel dieses Ratgebers ist es, die Betroffenen, deren Angehörige und weitere Bezugspersonen auf dieses Krankheitsbild und dessen Behandlungsmöglichkeiten aufmerksam zu machen. Er soll dazu dienen, allen Beteiligten einen Einblick in die in unserer Bevölkerung noch wenig bekannte Erkrankung zu geben. Gerade die unterschiedlichen Facetten der Erkrankung, die es bislang schwierig machten, dieses Krankheitsbild zu erkennen, werden hier dargestellt. Durch eine ausführliche Beschreibung soll darüber hinaus erreicht werden, daß die Betroffenen ohne Furcht die Borderline-Erkrankung beim Namen nennen.

Berufsmäßigen Helfern wie Krankenpflegern und Krankenschwestern, BeschäftigungstherapeutInnen und SozialarbeiterInnen wird ein Verständnis für die Borderline-Erkrankung vermittelt, das ihnen einen möglichst guten und hilfreichen Zugang zu den Betroffenen mit dieser Erkrankung verschafft. Deshalb verweise ich im zweiten Teil des Ratgebers auf die Behandlungsansätze, wobei ich die *Dialektische Therapie* von M. Linehan in den Mittelpunkt stelle, da sie mir aus meiner therapeutischen Erfahrung besonders am

Herzen liegt. Die Dialektische Therapie gilt als innovative Behandlungsform, die durch ihr stringentes und einfühlsames Vorgehen an Überzeugung gewinnt. ÄrztInnen und PsychotherapeutInnen finden darin Hinweise auf eine aktuelle theoretische und praxisbezogene Behandlung einer Borderline-Erkrankung nach den neuesten wissenschaftlichen Erkenntnissen.

Insbesondere hat mich die Arbeit mit betroffenen KlientInnen dazu ermutigt, diesen Ratgeber zu erstellen. Die beschriebenen Behandlungsansätze können sowohl als Motivation und Unterstützung zur begleitenden Psychotherapie als auch als Hilfe zur Selbsthilfe verstanden werden.

> "Einmal bin ich gestürzt, in den Felsen der Kalanken von Cassis. Am Beckenknochen riß ich mir die Haut auf, zehn Zentimeter lang. Ich blieb liegen, bis die Sonne untergegangen war. Ich schaute auf mein Blut, ich schaute auf mein Blut: Ich dachte: du mußt dich verbrauchen. Nein, ich dachte nicht ans Glück. Das war ja gerade vorbei. Ich bin Augenmensch, ich muß sehen. Manchmal will ich mein Blut sehen" (Bodo Morshäuser: Die Berliner Simulation, Suhrkamp, 1983, S. 13).

1. Eine Borderline-Erkrankung erkennen

Bei der Borderline-Erkrankung handelt es sich meist um eine Vielzahl von Verhaltensmustern und Beschwerden, die von den Betroffenen selbst und der Umwelt als belastend erlebt werden. Wechselhafte und extreme Verhaltensmuster führen häufig zu Mißverständnissen und Unverständnis, was das Miteinander erheblich erschwert. In Unkenntnis der Erkrankung wird den Patienten oft böswillige Absicht unterstellt. Erst wenn sich schwere Depressionen, Beziehungskrisen oder massives selbstschädigendes und suizidales Verhalten zeigen, wird an eine Erkrankung gedacht. Insbesondere in Streßsituationen beobachten die Betroffenen an sich selbst immer wieder:

- ausgeprägte Stimmungsschwankungen und Schwierigkeiten im Umgang mit negativen Gefühlen wie Wut und Ärger, Angst oder Depression
- Schwierigkeiten bei der Bewältigung von inneren Spannungszuständen
- das Auftreten von Gefühlen der inneren Leere oder des Gefühls, “sich nicht spüren zu können”
- eine Neigung zu selbstschädigendem Verhalten, z. B. sich selbst zu verletzen, zu betäuben, sich lebensgefährlichen Risiken auszusetzen oder an Selbstmord zu denken
- Schwierigkeiten, stabile oder zufriedenstellende Beziehungen über einen längeren Zeitraum aufrechtzuhalten
- Angst vor Trennungen und dem dauernden Gefühl, allein zu sein

Manchmal wird auch in Kliniken das komplexe Krankheitsbild erst nach einiger Zeit erfaßt, denn die Betroffenen kommen vorwiegend wegen Depressionen, Angstzuständen, Problemen mit Alkohol und Drogen oder wegen Eßstörungen in eine Behandlung. Nur nach einer genauen Befragung und Beobachtung kann dieses Krankheitsbild mit Sicherheit festgestellt werden.

2. Zu dem Begriff Borderline

Borderline heißt zu deutsch einfach *Grenzlinie*. Dieser Begriff entstand schon 1938, als Ärzte, Therapeuten und Wissenschaftler dieses Krankheitsbild weder der Gruppe der Neurosen noch der der Psychosen so recht zuordnen konnten, so daß sie sich schließlich auf diesen Begriff einigten. In der modernen Literatur und Wissenschaft spricht man heute von einer emotional-instabilen Persönlichkeit, womit das Kernelement und der Ursprung dieser Erkrankung treffend beschrieben sind. Auch wenn Menschen mit einer Borderline-Erkrankung sich manchmal an der Grenze zwischen Leben und Tod bewegen, so liegt ihre Hauptschwierigkeit in einer emotionalen Regulationsstörung.

3. Das Konzept der Persönlichkeitsstörungen

In der Fachliteratur zählt die Borderline-Erkrankung derzeit noch zur Gruppe der Persönlichkeitsstörungen. Sie ist eine der elf dort genannten Persönlichkeitsstörungen. Eine Persönlichkeitsstörung beginnt meist im frühen Erwachsenenalter und wird durch ein oder mehrere Verhaltensmuster beschrieben, die in ihrer Ausprägung für die allgemeine Lebensbewältigung hinderlich sein können. Im Gegensatz zu Erkrankungen, die ausschließlich durch bestimmte Lebensumstände oder biologische Faktoren hervorgerufen werden und nach einiger Zeit der Behandlung wieder abklingen, handelt es sich bei den Persönlichkeitsstörungen um ein sich langsam entwickelndes und am Verhalten erkennbares Zustandsbild.

Persönlichkeitsstörungen beinhalten immer Verhaltensweisen, mit denen wir in gewisser Weise alle zu kämpfen haben. Wer hat nicht schon einmal eine intensive, instabile Beziehung erlebt oder hin und wieder einen Zornesausbruch gehabt? Wer kennt nicht die Verlockungen von Rauschzuständen oder hat Angst davor gehabt, allein zu sein, hat Stimmungsschwankungen durchgemacht oder sich irgendwie selbstzerstörerisch verhalten? In gewissem Maße kennt dies jeder Mensch, aber nicht alle Menschen werden von diesem Syndrom so sehr betroffen, daß es ihr Leben stört oder erheblich beeinträchtigt.

4. Symptome des Borderline-Syndroms

Körperliche Ebene

- ® innerliche Hochspannung
- ® Schlafstörungen
- ® Alpträume
- ® Konzentrationsstörungen
- ® Taubheitsgefühle
- ® innere Leere
- ® Unwirklichkeitsgefühle
- ® das Gefühl, vom Körper getrennt zu sein
- ® Wahrnehmungen, Vorstellungen und Bilder, die ängstigen

Emotionale Ebene

- ® Gefühlswirrwarr oder Gefühlsüberflutung
- ® Niedergeschlagenheit
- ® Hoffnungslosigkeit
- ® Angstzustände
- ® Schuld-, Scham-, Ekelgefühle
- ® Wut und Ärger
- ® rasche Stimmungsveränderung zwischen Angst, Ärger und Depression
- ® Schwierigkeiten, die Gefühle wahrzunehmen

Gedankliche Ebene

- Selbstabwertung bis Selbstvernichtung
- Versagensgedanken
- Schuldvorwürfe
- Gedanken der Hilf- und Hoffnungslosigkeit
- Schwarzweiß-Denken
- Entweder-oder- und Alles-oder-nichts-Denken

Verhaltensebene

- sozialer Rückzug - Aufgabe von Kontakten, Aufgabe von beruflichen und Freizeitinteressen
- Anklammerung und Vermeidung von Alleinsein
- Beziehungskonflikte
- Unfähigkeit, Hilfe anzunehmen
- impulsive Handlungen
- Selbstschädigung und Selbstverletzung
- Selbsttötungsversuche

Hierzu berichtet Anna H.*, selbst Betroffene, wie sie sich im Strudel der Symptomatik fühlt:

Ich fühle mich oft hilf- und wehrlos meinem Schicksal gegenüber. Ich bin mit mir und meinem Leben unzufrieden. Immer wieder habe ich das Gefühl, etwas grundlegend ändern zu müssen. Manchmal entwickle ich sogar konkrete Vorstellungen, was anders sein müßte. In Gedanken beschäftige ich mich dann mit Träumen von einem anderen, besseren Leben. Ich schmiede auch konkrete Pläne für eine Ver-

(*Dieser und alle folgenden Namen wurden frei erfunden, Parallelen zu Ihnen bekannten Menschen sind rein zufällig.)

änderung. Aber um diese Pläne umzusetzen, fehlt mir dann wieder die Kraft, der Wille, der Mut, die Entschlossenheit, die Ausdauer, die Hoffnung. Ich versinke daraufhin schnell in Depression oder Verzweiflung. Alles scheint sich gegen mich verschworen zu haben. Ich bin dem wehrlos ausgeliefert, ich kann nichts dagegen tun.
Aber auch dann, wenn ich endlich denke: Jetzt hast du es geschafft. Jetzt hast du alles unter Kontrolle und alles im Griff, reicht schon eine Kleinigkeit, und das gute, sichere Gefühl verschwindet und gleitet mir aus der Hand. Ich weiß nicht, was ich dagegen machen könnte. Ich stehe nur hilflos da, um mich herum Chaos, und ich weiß nicht, wie ich da wieder Ordnung hineinbekommen soll. So stehe ich dann da, lasse alles über mich ergehen und kann mich nicht wehren. Nicht ich bestimme mein Leben, es wird von anderen, manchmal von grausamen Zufällen geleitet. Nicht ich bestimme mein Leben. Ich treibe in einem riesigen Fluß, der mich mit sich reißt, und ich benötige alle Kraft, um nicht darin zu ertrinken.

Dieser Strudel und dieses Gefühl des Ausgeliefertseins wirken sich grundsätzlich auf das allgemeine Befinden der Betroffenen aus. Deshalb gehören auch Lebensüberdrußgedanken und selbstschädigende Handlungen, wie sie Daniela P. beschreibt, zum Alltag der Betroffenen.

Oft, sehr oft liege ich da und möchte nicht mehr. Das Aufstehen fällt mir schwer, der Gedanke, auch nur einen einzigen weiteren Tag durchzustehen, treibt mich an den Rand des Wahnsinns, scheint unmöglich zu sein. Jeder Schritt, jede Bewegung fällt mir schwer, und ich denke immer wieder, daß ich jetzt einfach nicht mehr weiterkann. In solchen Momenten möchte ich einfach nur verschwinden, d.h. sterben. Endlich keine Qualen mehr, keine Schmerzen, sich end-

lich fallen lassen zu können, frei und unbeschwert zu sein. Glück - ein Gefühl, das ich mir eigentlich nur in Verbindung mit meinem eigenen Tod vorstellen kann.
In Gedanken beschäftige ich mich oft mit dem Tod. Ich stelle mir vor, wie das ist - tot zu sein. Ich mache auch Pläne, wie ich mich umbringen könnte, ich träume dann davon. Schon als Kind gab es Abende, da habe ich mir gewünscht, jetzt einfach einzuschlafen und nie wieder aufzuwachen. Habe darauf gehofft, es mir herbeigesehnt und war enttäuscht, wenn ich am nächsten Morgen doch wieder in meinem Bett erwachte. Manchmal war ich allerdings auch froh darüber.

Immer wieder kommt der Drang auf, jetzt sofort handeln zu müssen. Manchmal, weil mir meine Lage so hoffnungslos und unerträglich erscheint. Manchmal, weil ich endlich auch mal handeln - nicht nur träumen will, weil ich endlich einmal auch konsequent sein möchte oder weil ich einfach nicht weiß, was der Sinn und Zweck meiner Existenz ist. Ich gebe mir nicht das Recht zum Leben. Ich habe Angst vor der Zukunft, Angst vor Veränderung, aber auch Angst davor, daß es immer so weitergehen könnte, daß ich da nie rauskomme. Manchmal ist es das Gefühl der vollkommenen Leere, die mir die Frage stellt, was das Leben eigentlich ist, und mir gleichzeitig die Antwort gibt: auf jeden Fall nicht das.

Der Drang, jetzt unmittelbar zu handeln, wurde in den letzten Jahren immer häufiger, stärker und quälender. Ich quäle mich selbst, ich will mich zerstören - und ich genieße es manchmal sogar. Ich weiß oft selbst nicht genau, warum ich doch wieder dagegen ankämpfe und versuche, es nicht zu tun.

5. Wie wird die Diagnose gestellt?

Allgemeines

Um eine Diagnose zu stellen, orientieren sich die Fachärzte und Therapeuten an wissenschaftlichen Leitlinien. In den diagnostischen Leitlinien (DSM-IV) werden neun Kriterien für eine Borderline-Persönlichkeitsstörung aufgeführt, von denen fünf vorhanden sein müssen, um diese Diagnose zu stellen. Auf den ersten Blick scheinen diese Kriterien vielleicht unzusammenhängend oder nur am Rande miteinander verwandt. Wenn man sie jedoch genauer betrachtet, erkennt man, daß die neun Symptome zueinander in Wechselbeziehung stehen, so daß ein Symptom oder Verhaltensmuster ein weiteres nach sich zieht. So zeigt sich meist ein durchgängiges Verhaltensmuster von Instabilität im Bereich der Stimmung, der zwischenmenschlichen Beziehungen und des Selbstbildes sowie eine ausgeprägte Impulsivität. Der Beginn liegt im frühen Erwachsenenalter, und die Störung zeigt sich in den verschiedensten Lebensbereichen.

Wichtig dabei ist, daß sich nicht alle Betroffenen mit dieser Erkrankung gleichen und sich nicht mit allen Beschwerden und Problemen, die im folgenden beschrieben sind, identifizieren können. Denn nur ein Teil der Symptomatik ist jeweils bei den Betroffenen vorhanden, und zwar in unterschiedlicher Ausprägung. Und wie gesagt, jeder Mensch kennt einen Teil der beschriebenen Probleme, ohne gänzlich unter diesem Krankheitsbild zu leiden.

Neun diagnostische Kriterien

Kriterium 1

Schwierigkeiten mit dem Alleinsein, Angst vor Trennungen oder verzweifeltes Bemühen, diese zu verhindern.

Die Betroffenen empfinden zeitweiliges Alleinsein manchmal als immerwährende Isolation, dabei kann das Gefühl der eigenen Existenz, des Lebendigseins, vorübergehend ausgelöscht sein. Während des Alleinseins erleben sich die Betroffenen als gereizt, ängstlich, oder sie fallen in ein depressives Loch. Sie verspüren innere Leere, Einsamkeit oder Langeweile; manchmal werden sie von einem diffusen allumfassenden Grauen erfaßt. Verständlicherweise versuchen die meisten, das Alleinsein zu verhindern; entweder durch Betäubung mit Alkohol oder Drogen oder anderen impulsiven Verhaltensmustern wie Freßanfällen oder selbstschädigendem Verhalten. Gelegentlich wird auch einfach Druck auf den Partner oder die Umgebung ausgeübt. Meist findet man es als einfacher, vor den Ängsten zu flüchten, als diese durchzustehen.

Kriterium 2

Die Neigung, sehr intensive, jedoch instabile Beziehungen herzustellen, die meist durch einen Wechsel zwischen extremer Idealisierung und Abwertung charakterisiert sind.

Die Betroffenen zeigen manchmal einerseits eine Intoleranz gegenüber Trennungen und andererseits Angst vor Intimität, was zu instabilen Beziehungen führen kann. Der permanente Wunsch nach Nähe, Geborgenheit und Versorgtwerden geht mit der Angst einher, völlig vereinnahmt zu werden, was ein ständiges Tauziehen dieser beiden Seiten bedeutet. Werden die widersprüchlichen Bedürfnisse von der Umgebung, den Partnern nicht erfüllt, kommt es rasch zu einer

Abwertung. Kleinste Zurückweisungen werden schnell als Enttäuschung erlebt und führen in zwischenmenschlichen Beziehungen zu Irritationen, meist auch zu einer vollständigen Abwertung des eigenen Selbst. In der Regel führen die Lebenserfahrungen zu einem generellen Mißtrauen. Ausgehend von der Schwierigkeit, die eigenen Emotionen zu regulieren, kommt es auch auf der Bewertungsebene schnell zu zwei Extremen: gut oder böse.
D. h., das Gegenüber wird leicht als entweder liebenswert oder verachtend betrachtet. Auch "gesunde" Menschen reagieren auf dieses Verhalten unterschiedlich: Entweder kommt es zur übertriebenen Rücksichtnahme oder zu Enttäuschung und Rückzug. Dennoch sind die Betroffenen immer wieder in der Lage, andere Menschen für sich zu gewinnen und trotz aller Ambivalenzen stabile Beziehungen aufrechtzuerhalten.

Kriterium 3

Identitätsstörungen - die Schwierigkeit zu beschreiben, wer und wie ich wirklich bin.

Ein stabiles Identitätsgefühl zu haben bedeutet, über die Zeit hinweg in grundlegender Übereinstimmung mit sich selbst zu sein. Wenn man ein unsicheres oder kein Identitätsgefühl hat, dann fehlt dieses Gefühl der Übereinstimmung. Dann mag man den Eindruck haben, daß man nur so ist, wie man gerade in einem bestimmten Augenblick fühlt und denkt. Genauso wie die Betroffenen andere Menschen nicht immer als gleich erleben, sind sie ihrem eigenen Selbst gegenüber immer wieder irritiert. Dies kann sich in Orientierungsschwierigkeiten bei der Partnerwahl, bei Entscheidungen über die Berufswahl und andere Langzeitziele, über die Art der gewünschten Freunde oder bei der Ausrichtung ihrer Werteinstellungen äußern. Bezüglich ihrer eigenen Selbstbewertung und ihrer Eigenschaften besteht für sie ein schwankendes Bild. Haben sie sich heute aufgrund einer vollbrachten Leistung als kompetent gefühlt, halten sie sich am nächsten Tag wegen eines "blöden Fehlers" für dumm. Die Personen fühlen sich dann nie als das, was sie einmal waren, sondern eher wie Sisyphus dazu angehalten, den Felsblock immer wieder den Berg hinaufzurollen, weil sie sich ständig neu beweisen müssen. Gerade durch dieses Verhaltensmuster zeigen die Betroffenen Beständigkeit und Zähigkeit. Die Unsicherheit, die gegenüber sich selbst besteht, kann durch diese Hartnäckigkeit immer wieder kompensiert werden.

Kriterium 4

Potentiell selbstschädigende, häufig impulsive Handlungen, wie z.B. übermäßiges Geldausgeben, häufig wechselnde sexuelle Kontakte, Drogenmißbrauch, Diebstahl, rücksichtsloses Fahren oder Eßstörungen.

Manchmal dienen impulsive Handlungen als Verteidigungsmechanismen gegenüber Gefühlen von Einsamkeit und der Angst, verlassen zu werden. Bedenkt man die starke Anspannung, die durch einen Konflikt oder Streit ausgelöst werden kann, lassen sich Gefühle wie Traurigkeit, Zorn und Enttäuschung durch die unterschiedlichsten Verhaltensmuster wie Freßanfälle, Kaufräusche, das Ziehen durch Bars etc. vertreiben. Manche machen es sich zur Regel, fast allem aus dem Weg zu gehen. Dieser Mechanismus läßt sich leicht mit Alkohol- und Drogenmißbrauch aufrechterhalten. Unter Umständen führt dies nur zu einer Verschlechterung des Selbstwerterlebens, was die Vermeidung von Konfliktlösungen verstärkt. Aus Hilflosigkeit greifen viele dann zu Verhaltensmustern, die ihnen längerfristig schaden. Mit diesen Verhaltensmustern haben die Betroffenen gelernt, emotionalen Schmerz auszuhalten, um so leichter durch das Leben zu kommen.

Kriterium 5

Wiederholte Suizidversuche, Drohungen oder selbstverletzendes Verhalten.

Da selbstverletzendes Verhalten meist von Schuld- und Schamgefühlen begleitet ist, geschieht es meist heimlich. Dabei gibt es unterschiedliche Formen; die häufigsten sind: sich schneiden, sich brennen oder sich schlagen, auch selbsterzeugte Krankheiten gehören dazu. Ebenso sind die Motive für die Durchführung unterschiedlich. Den einen gelingt es so, keinen emotionalen Schmerz mehr zu spüren, die anderen versuchen gerade dadurch, wieder etwas zu spüren und aus der Isolation herauszukommen.

In einem im März 1995 veröffentlichten Artikel im Stern lautet die Überschrift: *Wenn Schmerz die Seele schützen muß.* Viele Menschen mit einer Borderline-Erkrankung sagen, daß sie während der selbstverletzenden Aktionen keinen Schmerz spüren, und berichten sogar von einer ruhigen Euphorie danach. Durch die Beobachtung von Reaktionen nach schweren Traumen, wie z.B. Kriegsverletzungen, wurde die Vermutung aufgestellt, daß der Körper bei solchen Gelegenheiten biologische Substanzen, z.B. Endorphine, freisetzt, die dem Organismus bei der Selbstbehandlung von Schmerzen helfen. Bevor die Betroffenen sich Schmerz zufügen, können sie starke Spannungen, Zorn oder überwältigende Traurigkeit fühlen; hinterher erleben sie ein Gefühl von Erleichterung und die Befreiung von Angst. Leider kann Letzteres dazu führen, daß selbstverletzendes Verhalten immer wieder eingesetzt wird, ohne die eigentlichen Konflikte zu lösen. Schließlich kann selbstzerstörendes Verhalten auch signalisieren, daß die Betroffenen Hilfe und Unterstützung brauchen, oder eingesetzt werden, um den Partner an sich zu binden. Gerade diese Verhaltensmuster dienen regelrecht einer Überlebensstrategie, da sonst die momentane Situation für die Betroffenen nicht mehr auszuhalten wäre.

Kriterium 6

Eine ausgeprägte Sensibilität der Stimmung, die von häufigen Stimmungsschwankungen begleitet wird.

Diese Stimmungen wechseln z.B. zwischen Angst, Ärger oder Depression und halten üblicherweise nur wenige Stunden bis selten wenige Tage an. Die Betroffenen machen dabei abrupte Stimmungsschwankungen durch, die durch kleine oder schwerwiegende Irritationen ausgelöst werden können und nur kurze Zeit anhalten. Die Grundstimmung ist meistens nicht ruhig und kontrolliert, sondern eher rastlos, hin und her gerissen, pessimistisch, zynisch oder depressiv. Dies empfinden die Betroffenen selbst als irritierend; es kann zu Einschränkungen im Selbstbild und im Verhalten führen und von der Umwelt als störend erlebt werden. Gerade die negativen Reaktionen des Umfeldes erhöhen manchmal noch die Sensibilität der Betroffenen.

Kriterium 7

Immerwährendes Gefühl von Leere.

Ausgehend von der Annahme, daß den Menschen mit einer Borderline-Erkrankung im Allgemeinen das Gefühl einer stabilen Grundidentität fehlt, fühlen sie sich einsam und leer. Der Leidensdruck läßt sich kaum beschreiben - nichts ist da, kein Gefühl - die Person erlebt sich selbst wie einen Hohlraum oder wie tot. Sie sucht in der Regel nach Möglichkeiten, diese “Löcher” zu stopfen. Aus diesem Gefühl der Leere entsteht manchmal eine Art existentielle Angst. Wenn die Betroffenen diese durchstehen, ist das als hohe menschliche Leistung zu bezeichnen.

Kriterium 8

Intensive Wut oder Schwierigkeiten, Wut und Ärger zu kontrollieren, zum Beispiel häufige Gereiztheit, ständiger Zorn, wiederkehrende körperliche Auseinandersetzungen.

Die Zornesausbrüche der Personen mit einer Borderline-Erkrankung sind massiv und nicht immer vorhersehbar; im Verhältnis zur auslösenden Situation werden sie auch als unangemessen eingeschätzt. Der Zorn, der so intensiv ist und so nah unter der Oberfläche brodelt, richtet sich öfter gegen Menschen, die den Betroffenen sehr nahestehen. Er kann durch emotionale Irritationen, durch Mißverständnisse und Enttäuschungen wachgerufen werden; meist besteht schon eine mißtrauische, ärgerliche Grundhaltung, die auf dem Sprung zur Verteidigung ist. Manchmal muß auch ein Streit dazu dienen, die Stabilität einer Beziehung zu überprüfen oder mehr Distanz in eine Beziehung zu bringen. Die Stärke liegt darin, sich immer und zu jeder Zeit verteidigen zu können.

Kriterium 9

Vorübergehendes, streßabhängiges Entfernungs- oder Entfremdungserleben oder die Vorstellung, sich bedroht oder verfolgt zu fühlen.

Die Betroffenen haben gelernt, schwierige, traumatische Situationen dadurch zu überstehen, daß sie Teile des Bewußtseins ausschalten. In der Regel fühlt sich der Körper dabei an, als sei er taub oder als gehöre er nicht zur eigenen Person. Andere wiederum finden sich an einem Ort oder einer Stelle wieder, ohne zu wissen, wie sie dahin gekommen sind, bzw. was sie während der dazwischenliegenden Zeit getan haben. Auch die Fähigkeit, sich weit weg von sich selbst zu fühlen und keinen Schmerz zu spüren, gehört zum dissoziativen Syndrom. Diese Fähigkeit wird nicht selten vor dem selbstverletzenden Verhalten eingesetzt und dient der reinen Überlebensstrategie. In Extremsituationen, wenn Betroffene von inneren Bildern und Erinnerungen gequält sind, fühlen sie sich selbst wie gelähmt und erstarrt. Diesen Zustand nicht mehr aushaltend, macht es Sinn, einen Mechanismus zu finden, um sich selbst nicht mehr spüren zu müssen.

Insbesondere emotionale Streßsituationen werden als absolut unangenehm, auch als bedrohlich erlebt. Dies führt manchmal vorübergehend zu der Wahrnehmung von Stimmen oder Personen, die nicht wirklich anwesend sind. Dies geschieht nicht immer, um der Realität zu entgehen, sondern ist eine Form, das früher erlebte Grauen noch in die Lebenswelt der Betroffenen zu integrieren. In der Regel sind es traumatische Lebenserfahrungen, die zu diesem wiederkehrenden Mißtrauen führen.

6. Eine Fallgeschichte

Sonja G. kann seit einiger Zeit jeden Morgen schlecht auf stehen, nachts leidet sie unter Schlafstörungen. Vor vier Wochen hat sie ihr Freund verlassen, und das hat sie kaum verkraftet. Sie versuchte, mit einer Unmenge von Medikamenten und Alkohol darüber hinwegzukommen, mußte aber in eine Klinik eingeliefert werden, die sie nach kurzer Zeit wieder verließ. Zu Hause gab es dann immer mehr Streit mit der Mitbewohnerin und Freundin. Ihre Arbeit in einer Telefonzentrale schaffte sie kaum mehr, denn sie fühlte sich durch die Auseinandersetzungen und die Schlafstörungen unausgeglichen und hatte gelegentlich das Gefühl, neben

sich zu stehen. Als sie sich wieder einmal wie ein Nichts fühlt, spricht sie mit einer Freundin über ihre Probleme und geht mit ihr zu einem Facharzt.
Hier hat sie ein längeres Gespräch und entdeckt weitere Symptome und Probleme. Sonja G. erkennt sich selbst als einen zu gutmütigen Menschen, der gerne den Wünschen und Bedürfnissen anderer nachkommt. Gleichzeitig stellt sie fest, daß sie gereizt ist und aus der Fassung gerät, wenn sie mit einer Situation nicht klarkommt. Sie fühlt sich dann so sehr in sich selbst gefangen, daß sie keine Zeit zum Nachdenken findet.
Früher wusch sie sich häufig; in jüngster Zeit schneidet sie sich gelegentlich in die Oberarme, um sich, wie sie es empfindet, Erleichterung zu verschaffen. Mit einigem Geschick versorgt sie ihre Wunden selbst, denn die Kontakte mit Chirurgen waren meist unangenehm. Schon immer hatte Sonja G. mit Flugangst zu kämpfen. Ihr Hausarzt hat ihr dagegen Valium verschrieben, was zunächst ganz in Ordnung zu sein schien. Dann hat sie aber auch Valium mit Alkohol genommen, um sich zu beruhigen.
Früher gab es auch schon Probleme mit anderen Menschen. Eigentlich konnte sie immer gut mit Martin reden, der ihr Vertrauter und ein echter Freund ist. Aber gerade mit ihm wird es ihr zunehmend langweilig, sobald er keinen Widerstand leistet. Richtet er sich jedoch nicht nach ihren Bedürfnissen, weist sie ihn zurück und reagiert trotzig. Diese Einsicht ist ihr sehr unangenehm, weil sie keine Erklärung dafür findet.
Nun stellt sie fest, daß sie immer Angst davor hatte, zurückgesetzt zu werden, was schon in ihrer Kindheit anfing. Damals sind ihre Eltern häufiger umgezogen; sie erinnert sich, wie sie sich immer wieder bemühte, Fuß zu fassen und neue Freunde und Freundinnen zu finden. Später im Alter von ca. 11 Jahren fand sie sich in der neuen Umgebung nicht

mehr zurecht. Sie bekam Angst und wollte nicht mehr alleine weggehen. Gegenüber den Gleichaltrigen kapselte sie sich ab. Zeitweilig fühlte sie sich innerlich müde und wie abgestorben. Ihre Eltern, so meint sie, waren zu sehr mit sich selbst beschäftigt, um von all diesen Dingen etwas zu bemerken. Jetzt fängt sie an, etwas von sich zu verstehen und nach weiteren Erklärungen für sich und ihre Symptomatik zu suchen.

7. Die Entstehung einer Borderline-Erkrankung

Allgemeines

Aufgrund unterschiedlicher wissenschaftlicher und therapeutischer Ausrichtungen gibt es mehrere Theorien über die Entwicklung der Borderline-Erkrankung. Die wohl älteste und somit auch bekannteste ist die schon Anfang des Jahrhunderts beschriebene psychoanalytische Theorie von Sigmund Freud. Darauf aufbauend haben sich weitere psychoanalytische Erklärungsmodelle entwickelt, heute bekannt durch Rhode-Dachser und Kernberg. In der Regel gehen die psychoanalytischen Theorien von einer spezifischen Entwicklungsstörung vor dem zweiten Lebensjahr aus, weshalb man in diesem Zusammenhang auch von einer "frühen Störung" spricht. In dieser sensiblen Entwicklungsphase haben sich unbewußt Konflikte mit den nahen Bezugspersonen manifestiert, die sich dann später im Erwachsenenleben als Symptome, z.B. als Selbstbeschädigung, zeigen.

Die Behandlung konzentriert sich auf die Bearbeitung dieser spezifischen Konflikte, die es zu verstehen und zu dem Symptom in Beziehung zu setzen gilt. Der Hauptkonflikt liegt in einer mangelnden Selbst- und Objektrepräsentanz. Vereinfacht ausgedrückt bedeutet das, daß man auf der emotionalen Ebene Schwierigkeiten hat, sich selbst und die nahen Bezugspersonen als selbständige Individuen mit guten und schlechten Eigenschaften wahrzunehmen. Daraus resultiert der häufig zitierte Spaltungsmechanismus, die Einteilung in entweder gut oder böse.

Da ich selbst nicht psychoanalytisch arbeite, möchte ich an dieser Stelle nur kurz auf diese Theorie eingehen und verweise statt dessen auf die entsprechende Fachliteratur, in der diese komplexe Theorie umfassend dargestellt wird.

In der neueren Forschung setzt sich gleichermaßen der lerntheoretische Ansatz durch, der die gesamte Entwicklungsspanne unter biologischen und sozialen Aspekten betrachtet. Namhafte Vertreterin dieser Lerntheorie ist M. Linehan, die sich bezüglich der Ursachenforschung und Bewältigung der Borderline-Erkrankung sehr an der Phänomenologie dieses Krankheitsbildes orientiert.

Biologische und soziale Lerntheorie

Bei der Entwicklung einer Borderline-Erkrankung geht man davon aus, daß sowohl biologische Einflüsse als auch persönliche Lernerfahrungen das Krankheitsbild prägen. Unter biologischen Faktoren versteht man genetische Einflüsse oder ungünstige Bedingungen in der Schwangerschaft, die die Entwicklung des Gehirns und Nervensystems in der frühen Kindheit beeinträchtigen, z.B. Alkohol und Drogenkonsum, Erkrankungen, die mit einer Medikamenteneinahme einhergehen, oder psychiatrische Vorerkrankungen in der Familie. Andererseits hindern traumatische Erfahrungen in einer nicht wohlwollenden Umwelt die Entwicklung der emotionalen Regulationsfähigkeit des Kindes. Zu den traumatischen Erfahrungen zählen körperliche und seelische Gewalt und darüber hinaus die Erfahrung, von den nahen Bezugspersonen überdauernd mißachtet zu werden. Das Erleben, nicht angenommen zu werden, kann auf mehreren Ebenen zu Komplikationen führen. Das Kind macht zunächst die Erfahrung, daß es nicht richtig zu sein scheint, wie es die Welt erlebt und wie es sich fühlt. Es entwickelt kein Vertrauen in die eigene Wahrnehmung und kann seine Gefühle schlecht einschätzen. Damit sind die Voraussetzungen, spontan auf einen inneren Gefühlszustand zu reagieren, eingeschränkt. Wenn es z.B. Ärger spürt, wäre die natürliche Reaktion darauf, Ärger zu zeigen. Möglicherweise reagiert dieses Kind ängstlich oder traurig. Wenn es sich z.B. verletzt fühlt, wäre die natürliche Reaktion, diese Verletzung zu zeigen. Möglicherweise wird es sich jedoch aufgrund der Angst vor Bestrafung, gar nicht äußern. Die betreffende Person verliert so allmählich den Bezug zu der eigenen Gefühlswelt. Der unausgedrückte Gefühlszustand resultiert schließlich in einem körperlichen Spannungszustand.

Barbara C. berichtet hierzu, wie sie ihr persönliches Spannungsfeld erlebt:

Manchmal kommt in mir das Gefühl auf, Spielball verschiedener Kräfte zu sein, die von mir Besitz ergreifen wollen und sich nicht einigen können. Ein ständiges Ringen und Hinundhergerissensein. Ich stehe winzigklein in der Mitte und weiß nicht, für welche Seite ich mich entscheiden soll.
Da ist eine Seite, die will auf Menschen zugehen, vergnügt sein, Spaß haben, gemütlich mit anderen zusammen sein, diskutieren, ausgehen ... Da ist ein Wunsch nach vielen Menschen um mich herum, der Wunsch nach Anlehnung und Freundlichkeit, jemandem vertrauen können.
Aber andererseits tiefes Mißtrauen, Angst, Zurückgehen. Wunsch nach Einsamkeit, nach in Ruhe-gelassen-Werden. Angst davor, auf andere angewiesen zu sein. Sich auf andere zu verlassen und dann verletzt fallengelassen zu werden. Der Wunsch, stark zu sein, um den anderen endlich zu beweisen: "Seht her, ich komme gut alleine zurecht und brauche euch nicht. Wenn ihr was wollt, dann kommt zu mir und bittet darum."
Dann das Bild, das ich selbst von mir habe. Da ist der Wunsch nach Stärke, nach Kraft. Da sind Utopien, Prinzipien, Träume, Ideale und der schwachsinnige Stolz. Der Stolz, der mich daran hindert, Schwächen zuzugeben, auf andere zuzugehen und um etwas zu bitten, Gefühle zuzulassen.
Ich will aus diesem Leben scheiden, und doch mache ich viele Pläne für die Zukunft, die ich umsetzen will. Ich will frei und unabhängig sein, und doch träume ich manchmal von Beziehungen und Familie. Ich will keine Gefühle für mich gelten lassen, und doch lasse ich mich immer wieder dazu hinreißen. Ich will stark sein, und doch gehe ich auf in Schwäche und Angst. Ich will so vieles, und gleichzeitig tue ich das Gegenteil.

8. Emotionale Regulationsstörung

Abgeleitet aus dem Diathese-Streß-Modell, läßt sich nach Linehan (1993) die emotionale Regulationsstörung einer Borderline-Erkrankung erklären. Zentrales Merkmal dieser Erkrankung ist eine unausgewogene Gefühlsregulation, die sich im Denken und Verhalten der Betroffenen niederschlägt. Die Betroffenen zeigen eine hohe Sensitivität bez. emotional besetzter Ereignisse. Diese Sensitivität geht mit einer extremen und unmittelbaren Reaktionsbereitschaft auf emotionaler und körperlicher Ebene einher. Bei einer hohen Reaktionsbereitschaft oder auch nach einer heftigen Reaktion sinkt jedoch das Anspannungsniveau nur langsam auf ein durchschnittliches Niveau zurück. Dies hat wiederum zur Folge, daß die vegetative Reaktion lange anhält und die Empfänglichkeit für nachfolgende emotionale Ereignisse sehr hoch bleibt. Diese Beeinträchtigung weist auf eine Schwierigkeit hin, Emotionen ausgewogen zu erleben. Die Betroffenen befinden sich ständig in einer emotionalen Unausgewogenheit, was sie verletzlich gegenüber äußeren Einflüssen macht.

Dieser Mechanismus gilt als zentrale Ursache aller weiteren Regulationsschwierigkeiten mit sich selbst und der Umwelt. D.h., die Betroffenen haben eine hohe Sensibilität für emotionale, körperliche oder zwischenmenschlichen Spannungen bei einer sehr geringen Spannungstoleranz. Sie können solche Situationen schlecht ertragen, haben gewissermassen keine innere Reserve, keinen inneren Reizschutz und können ihren Gefühlen nicht unmittelbar durch Worte Ausdruck verleihen.

Wie widersprüchlich dabei die Gefühle erlebt werden können, spricht aus der Schilderung von Irene H.:

Im Allgemeinen sehe ich Gefühle als ein Zeichen von Schwäche an und bin aus diesem Grund auch stets darum bemüht, jegliches Gefühlsleben von mir abzuspalten. Ein großer Teil meiner Energien wird dazu verwendet, Gefühle niederzuhalten, sie zu unterdrücken, nicht nach außen dringen zu lassen. Wie ich aber leider gestehen muß, mit allzu mangelhaftem Erfolg, zumindest, was die vergangene Zeit betrifft. Das einzige Gefühl, das ich wirklich fühle und auch zulasse, ist dieser ungemeine Haß auf mich selbst. Oh ja, ich hasse mich - ehrlich und von tiefstem Herzen. Ich hasse mich in meiner Art, ich hasse wie ich denke, fühle und wie ich mich gebe. Ich hasse meinen Körper und alles was von mir kommt. Manchmal ist der Haß so groß, daß ich mich schneide, und mir in Gedanken die schlimmsten Dinge antue. Komplimente und Lob kann ich nicht ertragen, weil sie einfach nicht mir gelten können. Alles nur Lügen aus Höflichkeit, aus Unwissenheit, schlimmer noch aus Mitleid heraus geäußert. Nichts an mir ist gut, nichts, was ich tue, ist richtig. Zuwendung von anderen macht mir angst, verstärkt noch mehr die Befürchtung, daß man mein wahres Gesicht entdeckt und mich dann doch wegstößt. Vorher wende ich mich lieber ab. Zu meinem eigenen Beschämen muß ich auch gestehen, daß es diese kurzen Momente gibt, wo ich vor dem Spiegel stehe, mich so betrachte, und ab und zu kommt dabei auch etwas wie Zuneigung, Sympathie, Wärme und Liebe zu mir hoch. Aber nur ganz kurz, um dann sofort ins Nichts zu entschwinden. Dabei schäme ich mich für diesen kurzen, selbstvergessenen Augenblick. Und dann ist da nichts mehr; ich könnte schreien, den Spiegel zerschlagen, mich zerschlagen.
Wahrlich schlimm sind jedoch die Momente, wo sich mein Haß auf meine Umgebung, auf meine Mitmenschen über-

trägt und dabei entlädt. Es gibt Momente, da bin ich mit der ganzen Welt beleidigt, da fühle ich nur noch diesen entsetzlichen Haß in mir aufsteigen, der mir den Atem und den Verstand raubt. Da stehe ich kurz vor der Explosion, drohe in tausend Einzelteile zu zerspringen, die Kontrolle zu verlieren. Selbst ein Mord scheint in meiner Phantasie in solchen Momenten möglich zu sein. Da werde ich hart, ungerecht und verletze andere mit meinen Worten und Taten. Dabei habe ich keinerlei Anlaß für diesen Haß auf andere. Wenn ich mich ungerecht behandelt fühle oder verletzt werde, so ist das nur auf meine eigene Unzulänglichkeit zurückzuführen. Ich habe nun wirklich nicht das Recht, andere zu hassen, denn früher oder später fällt er auf mich selbst zurück.

Zusammenfassend läßt sich folgendes festhalten:

Schmerzhafte Gefühle und eine emotionale Instabilität entstehen durch:

1. Eine hohe Sensibilität für emotionale Ereignisse
2. Alltägliche emotionale Ereignisse können heftige Reaktionen hervorrufen
3. Intensive Reaktionen, die stärker und ausgeprägter sind als im Durchschnitt
4. Schwierigkeiten, die intensiven Gefühle und das Anspannungsniveau auf ein Grundniveau zu reduzieren
5. Gelegentliche Hochs und Tiefs und Veränderung der Gefühle
6. Nicht selten besteht eine depressive Grundstimmung

Ursachen und Folgen der emotionalen Regulationsstörung

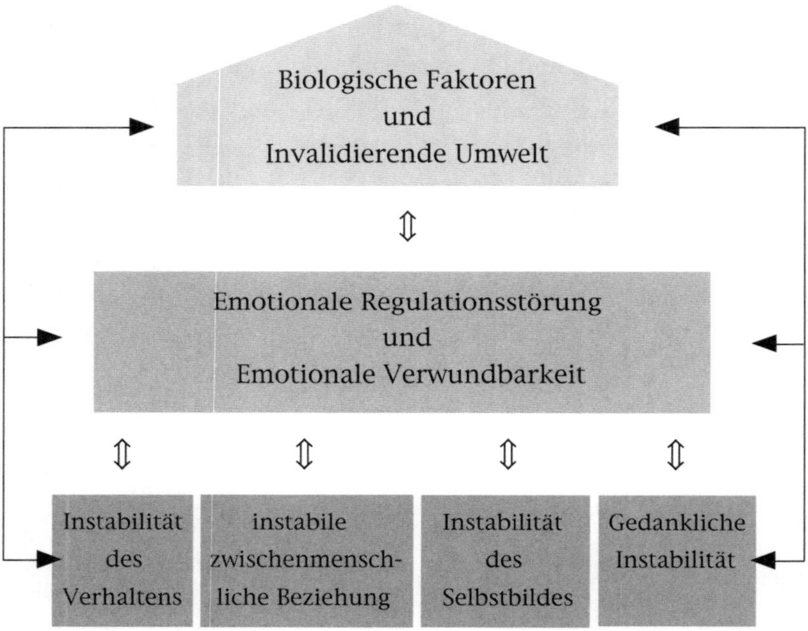

Borderline-Erkrankungen in der heutigen Gesellschaft

Nach derzeitigen wissenschaftlichen Erkenntnissen sind etwa drei Viertel der Borderline-Patienten weiblich.´Dies könnte möglicherweise ein Hinweis auf den mittlerweile vielfach angenommenen Zusammenhang zwischen der Entwicklung einer Borderline-Erkrankung im Erwachsenenalter und schweren traumatischen Erfahrungen in der Kindheit sein. In Untersuchungen berichten Personen mit einer Borderline-Erkrankung nachweisbar häufiger von Mißbrauchserfahrungen als Personen in Kontrollgruppen mit anderen Krankheitsbil-

dern. Man geht davon aus, daß der sexuelle Mißbrauch Mädchen derzeit noch allgemein zwei- bis dreimal häufiger trifft als Jungen. Das wäre eine Erklärung für das Überwiegen der Borderline-Erkrankung bei Frauen. Frauen, die in der Kindheit sexuell oder emotional mißbraucht wurden, reagieren später gelegentlich mit Schwierigkeiten
in zwischenmenschlichen Beziehungen, sexuellen Funktionsstörungen, Depressionen, Suizidversuchen, einer allgemeinen Identitätsstörung, unangemessenen Wutreaktionen und einer selbstzerstörerischen Impulsivität, wie es bei Borderline-Betroffenen der Fall ist. Es ist leicht vorstellbar, welche emotionale Verwirrung entsteht, wenn ein Kind derselben Person gegenüber auf der einen Seite Zuwendung und Vertrauen und auf der anderen Seite Angst, Schmerz oder sogar Ekel empfindet. Die emotionale Regulationsstörung entsteht insbesondere dann, wenn das Kind nicht gelernt hat, seinen Gefühlen und den Widersprüchen spontan Ausdruck zu verleihen.

Es müssen jedoch nicht zwangsläufig traumatische Erfahrungen wie körperliche Mißhandlung, sexueller Mißbrauch oder die Beobachtung massiver häuslicher Gewalt die notwendige Ursache für die Entwicklung dieser Erkrankung sein. Zurückblickend ist anzunehmen, daß eine den emotionalen Ausdruck und das emotionale Erleben des Kindes wenig bestätigende bis ablehnende Umgebung ebenso ein Risikofaktor ist. Viele der Betroffenen haben sich als Kinder unerwünscht gefühlt und entwickelten kein stabiles Selbstwertgefühl. Darüber hinaus wird der eigene Körper als Fremdkörper erlebt, der Haß, Verachtung und Ekel erzeugt. Die betroffenen Personen sind dadurch kaum in der Lage, selbstbestätigende Erfahrungen zu machen, wenn sie ihre Gefühle regulieren wollen. M. Linehan beobachtet gerade bei diesen Menschen eine Verneinung der Wahrnehmung eigener Emotionen. Obwohl Ärger und inadäquate aggressive Verhaltensmuster eine wesentliche Rolle bei Personen mit einer Borderline-Erkrankung spielen, sieht Linehan auch andere negative Emotionen wie Trauer und Depression, Scham, Schuld, Demütigung, Furcht, Angst und Panik als mindestens genauso wichtig an. Die Intensität und Unkontrollierbarkeit vor allem schmerzhafter Gefühle lassen sich mit ausgedehnten Verbrennungen vergleichen: Die Betroffenen haben sozusagen keine emotionale Haut. Selbst die leichtesten Berührungen und Bewegungen können ungeheuer schmerzhaft sein.

Ursachen- und Wirkprinzipien

Aufgrund der kaum bestätigenden Umwelt entwickeln Menschen mit einer Borderline-Erkrankung eine hohe emotionale Verletzbarkeit und zeigen Schwierigkeiten, ihre Gefühle zu regulieren. M. Linehan geht jedoch durchaus davon aus, daß Betroffene mit entsprechender biologischer Veranlagung in einer bestätigenden und wertschätzenden Umwelt die Fähigkeit zur Gefühlsregulation entwickeln könnten, also Menschen mit einer biologischen Unregelmäßigkeit nicht zwangsläufig eine Borderline-Erkrankung bekommen, sondern solch ein Defizit mit den nahen Bezugspersonen gut kompensiert werden kann. Umgekehrt macht man auch die Erfahrung, daß nicht alle Menschen, die jemals mißbraucht wurden, später eine Borderline-Erkrankung entwickeln. Es hängt also in jedem Einzelfall von den spezifischen Konstellationen, den Ressourcen und Bewältigungsmöglichkeiten der Betroffenen ab.

Auswirkungen der Symptomatik auf sich selbst und die Umwelt

Nach dem Modell der emotionalen Regulationsstörung lassen sich die destruktiven Verhaltensmuster als fehlangepasste Problembewältigungsversuche für die überwältigenden intensiven Emotionen und Spannungen verstehen.

Dies wirkt sich insbesondere auf das Selbstbild der Betroffenen aus, was in der folgenden Selbstschilderung von Lisa D. zum Tragen kommt:

Manchmal habe ich das Gefühl, nicht von dieser Welt zu stammen. Ich denke anders als andere Menschen, ich fühle anders, ich tue zum Teil andere und verrückte Dinge - ich bin anders. Meine Andersartigkeit wurde mir oft genug vorgehalten. Ich wurde ausgelacht, zur Spinnerin und Außenseiterin abgestempelt und, was das Schlimmste war, ist nicht verstanden und mißverstanden zu werden. So sehr ich mich auch bemühte dazuzugehören, fühlte ich mich doch immer nur ausgegrenzt, eben anders als die anderen.

Jahrelang habe ich versucht, aus meiner Andersartigkeit eine Tugend, ein Ideal zu machen. Ich hatte manchmal das Bild eines Übermenschen vor mir. Nur ja keine Schwäche zeigen. Nur ja nicht angreifbar oder verletzbar sein. Immer nur auf Leistung gesetzt, um vielleicht doch irgendwann einmal so etwas wie Anerkennung zu finden. Und gleichzeitig doch die Tatsache, daß ich diesen - meinen - Anforderungen nicht standhalten kann.

Ich fühle mich häufig schlecht und denke an die Schlechtigkeiten, die ich in meinem Leben schon begangen habe; ich schäme mich deswegen. Die Scham ist so groß, daß ich mit niemandem darüber sprechen, alles für mich behalten und die Schlechtigkeit vor anderen verstecken möchte. Die Scham zwingt mich wieder dazu, andere (auch mich selbst) zu belügen oder Fassaden zu errichten. Ich kann anderen gegenüber nicht ehrlich sein, aus Angst, daß mich diese durchschauen und sich dann von mir abwenden könnten. Ein Grund, weshalb es mir auch in der Therapie manchmal schwergefallen ist, offen zu sein. Folge des ständigen Lügens und Täuschens ist noch mehr Gefühl von Schlechtigkeit, noch mehr Scham deswegen, noch mehr Lügen.

Hinzu kommen noch meine Gedanken, Phantasien, Bilder und Handlungen, die nicht normal zu sein scheinen. Sie erschrecken mich zum Teil zutiefst und lösen Panik aus. Immer wieder der Gedanke: Das ist nicht normal, das ist krank. Du bist verrückt und durchgeknallt! Jedoch gleichzeitig die Angst davor, tatsächlich krank oder verrückt zu sein ...

Vielleicht sollte deshalb ein Ziel sein, mehr Ehrlichkeit (auch mir selbst gegenüber) aufzubringen. Die Augen zu öffnen, den Betrug zu erkennen und ihn dann mit Wahrheit zu ersetzen. Lernen, endlich zu mir zu stehen, mich so zu akzeptieren, wie ich nun einmal bin.

Ich ahne, daß alles davon abhängt, wie frau die Dinge betrachtet. Frau kann alles schwarzsehen, frau kann aber auch hingehen und versuchen, das Positive in der Dunkelheit zu suchen und dann auch zu akzeptieren. Denn da ist dann noch die andere Seite, die andere Realität - das sind die Ängste, die Zweifel, die Verzweiflung, der Schmerz, die Alpträume, die Hoffnungslosigkeit, die Wut, der Haß etc. Diese Realität kann ich nicht einfach verleugnen oder verschweigen, das wäre das andere Extrem: alles durch die rosarote Brille betrachten zu wollen. Ich muß lernen zu akzeptieren, daß alles - das Positive wie auch das Negative - seine Berechtigung hat.

Die Betroffenen haben aufgrund des Umfelds, das als wenig bestätigend wahrgenommen wird, gelernt, den eigenen Gefühlen nicht zu trauen und diese in Frage zu stellen. Gelegentlich stehen sie in dem Konflikt zwischen der eigenen Wahrnehmung und den nahen Bezugspersonen. Da sie sich auf die eigene Gefühlswahrnehmung nicht mehr verlassen bzw. diese als zu schmerzhaft erlebt wird, fangen sie an, die Gefühlswahrnehmung zu unterdrücken. Auch die Trauer über traumatische Erfahrungen in der Vergangenheit wird ausgeblendet, um die Wahrnehmung unangenehmer Gefühle zu vermeiden. Die Herabsetzung eigener Gefühle zieht weitere Schwierigkeiten nach sich. Es kann zu einem instabilen Gefühl für die eigene Person kommen, was mit einer massiven Selbstabwertung einhergehen kann. Diese Selbstabwertung hat wieder unterschiedlichste Reaktionen bei den Betroffenen zur Folge, wie sie z.B. bei den diagnostischen Kriterien beschrieben sind. Nicht selten spielt dabei die Vorstellung, unzulänglich und nicht lebenswert zu sein, eine Rolle.

Als Folgeerscheinung der vermiedenen oder negativen Gefühlswahrnehmung kann ein hohes Anspannungsniveau und dadurch ein problematischer Lebensstil entstehen. Menschen mit dieser Störung erleben sich gelegentlich in einem "Gefühlswirrwarr" oder fühlen sich von ihren Empfindungen überflutet, was sie daran hindert, ihre Alltagsprobleme effektiv anzugehen. Aus dieser Gefühlsüberflutung resultiert leicht eine Wahrnehmungsstörung eigener Fähigkeiten oder Fehlinterpretationen des Verhaltens anderer. Als meistverbreitetes Wahrnehmungs- und Einstellungsmuster gilt die Entweder-oder-Haltung. Schwierigkeiten und Mißerfolge in den sozialen Bereichen, in zwischenmenschlichen Beziehungen, Ausbildung, Beruf, Leistungsfähigkeit etc. sind meist durch solche Entweder-oder-Wahrnehmungen entstanden.

Da diese Menschen gelegentlich Schwierigkeiten haben, beim Alleinsein die eigene Existenz zu akzeptieren, kann die fortwährende Kontaktaufnahme dazu dienen, die eigene Existenz zu sichern und gleichzeitig die Verantwortung für die alltägliche Problembewältigung abzugeben. Dadurch entsteht eine Art aktive Passivität, d.h. die Vermeidung, Probleme im zwischenmenschlichen Bereich selbst zu lösen. Dies vermittelt zunächst das Gefühl, sich den schmerzhaften Gefühlen nicht aussetzen zu müssen. Auf Dauer reagieren die Bezugspersonen möglicherweise mit Unzufriedenheit, Ärger oder Rückzug. Werden die Probleme jedoch unerträglich, neigen die Betroffenen dazu, ihre Spannungen durch autodestruktive Tendenzen zu lösen. Leicht entsteht dadurch ein Teufelskreis: Die Betroffenen fühlen sich inkompetent, werten sich ab und werden möglicherweise empfänglicher für weitere Mißverständnisse und Unstimmigkeiten.

Andererseits sind Menschen mit einer Borderline-Erkrankung gelegentlich in der Lage, in einzelnen Situationen recht kompetent zu handeln. Aber gerade die erworbenen Kompetenzen und Ressourcen lassen sich nicht durchgängig in allen Problemsituationen anwenden, sondern können durch die Schwierigkeiten bei der Gefühlsregulation gehemmt werden. Manchmal fällt dann eine Übertragung der Fertigkeiten auf andere Problembereiche schwer. Von der Umgebung kann dieser Mangel an Übertragung falsch eingeschätzt werden, so daß sie von den Betroffenen zuviel fordern.

Diese Wechselwirkung führt dann zu Schwierigkeiten in der zwischenmenschlichen Kommunikation, was das Gefühl, sich

unverstanden und nicht akzeptiert zu fühlen, unter Umständen verstärkt.
Die Auswirkungen einer Selbstabwertung sind wenig Selbstvertrauen, eine hohe Sensitivität für negative Reaktionen und eine hohe Bereitschaft, sich selbst zu verletzen.

DIE BESCHRIEBENEN SCHWIERIGKEITEN FÜHREN LEICHT ZU EINEM TEUFELSKREIS:

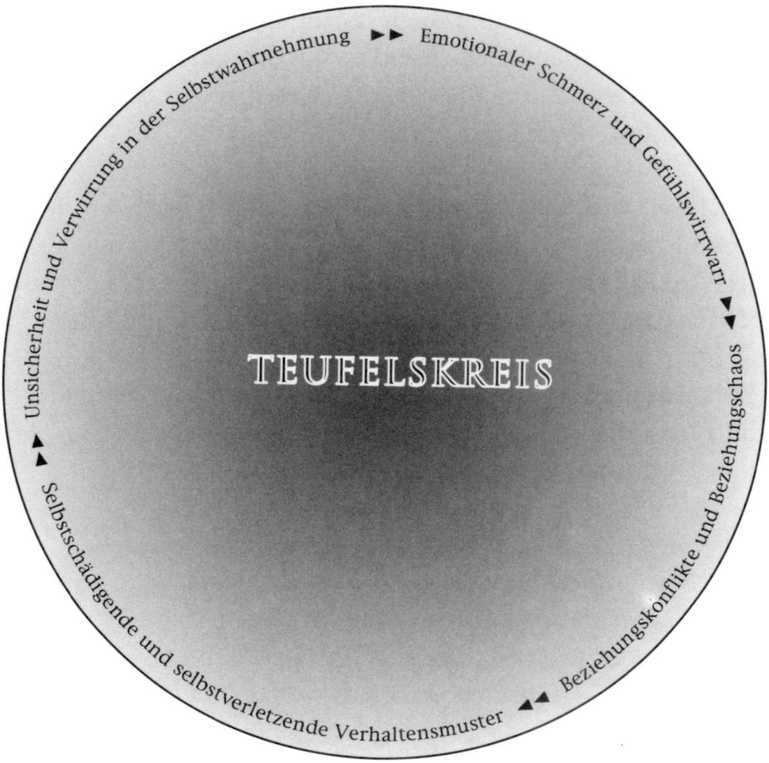

Die Betroffenen leiden als Folgeerscheinung dieser Problembereiche unter:

® Selbstwert- bzw. Minderwertigkeits- und Kleinheitsgefühlen im Sinne von nicht gemocht zu werden, nicht geliebt zu werden, sich unverstanden zu fühlen,

® Leistungsfähigkeit bzw. - unfähigkeit im Sinne von nichts zu können, nichts zu leisten, zu versagen,

® Schuldfragen bzw. Selbstvorwürfen, Selbstanklagen und Schuldbewußtsein - und auch darunter, alles dies selbst verursacht zu haben. Oder anders ausgedrückt, in Sätzen der Selbstvernichtung: "Ich hasse mich selbst und bin nicht liebens- und lebenswert."

® Erschwert wird diese vernichtende Einstellung noch durch Gefühle von:

- **Hilflosigkeit:** Ich kann nichts daran ändern
- **Hoffnungslosigkeit:** Nichts wird sich mehr zum Guten wenden
- **Wertlosigkeit:** Ich bin es nicht wert, daß mir jemand hilft bzw. daß ich eine Lebensberechtigung habe.

Auf alle Fälle gilt jedoch ein Grundsatz
Borderline-KlientInnen können nichts dafür,
daß sie so geworden sind, wie sie sind,
sie müssen jetzt jedoch alles dafür tun,
damit sich ihre Lebenssituation verändert.

9. Die Stärken von Menschen mit einer Borderline-Erkrankung

Entgegen den in den letzten Abschnitten ausführlich beschriebenen Problembereichen und Schwierigkeiten lassen sich genau diese Verhaltensmuster auch in einem anderen Licht betrachten.

Menschen mit einer Borderline-Erkrankung sind im Grunde genommen eine Art von Lebenskünstlern. Sie haben trotz hoher innerer Anspannung, trotz impulsiver und destruktiver Verhaltensmuster gelernt, ihr Leben zu meistern. Sie besitzen eine ausgeprägte Fähigkeit, auch in einem Umfeld zurechtzukommen, das sich ihnen gegenüber bislang wenig wohlwollend verhalten hat.

Trotz vielfältiger Symptomatik sind die Betroffenen in der Lage, im zwischenmenschlichen Bereich Sympathien zu gewinnen, Freundschaften zu pflegen, ihren eigenen Haushalt zu führen und auch sehr kompetent, ihren beruflichen Aufgaben nachzugehen.

All die destruktiven Verhaltensmuster sind Möglichkeiten, mit Krisen und Schmerz besser umgehen zu können. Man könnte diese Verhaltensmuster paradoxerweise auch Überlebensstrategien nennen. Gerade die Symptomatik, sich selbst nicht zu spüren oder die Umwelt als weit entfernt wahrzunehmen, hilft den Betroffenen über einen inneren Krisenzustand hinweg.

Die Sensitivität der Betroffenen spricht für ihre ausgeprägte Fähigkeit, Ungereimtheiten und Widersprüchlichkeiten wahrzunehmen, noch bevor diese in Worte gefasst werden können. Darüber hinaus zeigen sich gerade diese Menschen oft als kreative Persönlichkeiten, die stärker ihre Individualität ausleben, als ein angepaßtes normatives Leben führen.

10. Wie können die Angehörigen auf dieses Zustandsbild reagieren

Für die Angehörigen ist es meist sehr verunsichernd, wenn sie von den Selbstverletzungen und den damit verbunden Folgeproblemen erfahren. Dies kann, wie bereits erwähnt, vielfältige Reaktionen auslösen. Manche reagieren mit Schuldgefühlen und Hilflosigkeit, andere mit Enttäuschung und Ärger. Über einen längeren Zeitraum ist auch ein Wechsel von Reaktionen möglich, manche reagieren zunächst mit Fürsorge oder Überbehütung und ziehen sich später von den Betroffenen zurück.

Unabhängig davon können durch stützende Familien- und Einzelgespräche die Schwierigkeiten aufgefangen und bearbeitet werden. Es ist immer das Ziel, ein besseres Verständnis statt gegenseitige Vorwürfe für alle Beteiligten zu erreichen. Meist handelt es sich jedoch um Familien, in denen es nicht üblich ist, über seelische und familiäre Probleme zu reden. Mit derartigen Schwierigkeiten wird umgegangen, als ob sie nicht vorhanden wären, insbesondere, bei der Vermutung, daß die Probleme und die Selbstschädigung der Betroffenen Ausdruck eines familiären Konfliktes sein könnten. Ganz schwierig wird es, wenn der Vorwurf eines Mißbrauches im Raum steht, der vielleicht schon einmal oder auch gar nie ausgesprochen wurde. Hier stellt sich die Frage, ob es Sinn macht, daß die übrigen Familienmitglieder die Heimlichkeit oder Verleugnung mittragen? Kann es zur Behandlung beitragen, wenn die Familienmitglieder das Nicht-hinschauen-Dürfen ebenso aushalten wie die Betroffenen? Wie schon vermutet, sprechen auch die Betroffenen wegen ihrer eigenen Schuldgefühle und der Angst, von den Familienmitgliedern bestraft zu werden, meist nur andeutungsweise über einen Mißbrauch. Sie brauchen sehr viel Mut und Unterstützung von anderen, um das "Dunkle" ans Tageslicht zu bringen.

Im alltäglichen Miteinander wird es schwierig, wenn die Betroffenen in Situationen, in denen sie sich zurückgesetzt, verletzt, ungerecht behandelt oder verlassen fühlen, mit erneuten Selbstverletzungen reagieren. Das kann die Umgebung enorm unter Druck setzen, weil es Schuldgefühle auslöst und die Angehörigen/Partner/Freunde Angst vor einer weiteren Selbstverletzung oder einem Selbstmord haben. Unabhängig davon, ob die Angehörigen mit Rücksicht oder mit Vorwürfen reagieren, meist werden die Konflikte dadurch nicht gelöst und das Verhalten nicht verändert. Deshalb ist es immer sinnvoll, die Enttäuschung und Wut sowie die Hilflosigkeit anzusprechen. Auch die Betroffenen können dadurch die Reaktionen ihrer Umgebung leichter verstehen. Im Zweifelsfall sollte man sich therapeutische Unterstützung oder Rat in einer Selbsthilfegruppe holen. Schon allein die Tatsache, mit diesem Problem nicht alleine dazustehen, wird gelegentlich als entlastend erlebt.

11. Der Wunsch nach Veränderung

Auch ich möchte meinen Platz finden. Es wäre schön, endlich auch innerlich Ruhe zu finden. Es wäre schön, endlich wieder eine Nacht zu verbringen, ohne von irgendwelchen Alpträumen und Ängsten verfolgt zu werden. Es wäre schön, morgens auch mal entspannt aufzuwachen, ohne Kopfschmerzen und angespannte Muskeln. Es wäre schön, die Einsamkeit, die ich selbst gewählt habe, auch auszuhalten. Es wäre schön, Menschen an meiner Seite zu dulden, ohne diese hassen zu müssen, ohne diese verletzen oder verjagen zu müssen. Es wäre schön, die Berührung eines anderen Menschen ertragen zu können, ohne Schmerz und Angst zu empfinden. Es wäre schön, Wärme und Zuneigung zu empfangen und diese auch wieder weiterzugeben, ohne daß ein Beigeschmack von Falschheit aufkommt. Es wäre schön, einen Tag ohne Schmerz und Angst und ohne den Gedanken, lieber tot zu sein, zu verleben. Es wäre schön, durchs Leben zu gehen, ohne mich mit Alkohol oder Phantasien zu betäuben, um die Realität zu ertragen. Es wäre schön ...

Dieser Wunsch nach Veränderung und mehr Lebensqualität von Tanja R. spricht für sich selbst. Welche Möglichkeiten der Behandlung Sie dabei nutzen und wie Sie in der Regel diese Ziele erreichen können, finden Sie in den nächsten Abschnitten.

12. Die Behandlung des Borderline-Syndroms

Welche Möglichkeiten der Behandlung gibt es?

Früher ging man davon aus, daß die Behandlung der Borderline-Erkrankung sehr lange Zeit brauche, vom Verlauf her schwierig sei und nur geringe Erfolge habe. Oft wurde das Borderline-Syndrom gar nicht als Erkrankung oder Störung gesehen, sondern als Charakterschwäche aufgefaßt, an der sich sowieso nichts ändern ließe. Um dieser Auffassung entgegenzuwirken, haben sich WissenschaftlerInnen und TherapeutInnen sehr um die Behandlung dieses Krankheitsbildes bemüht.

In der letzten Zeit gab es gerade im psychotherapeutischen Bereich viele neue Entwicklungen. Dabei wurde angestrebt, für verschiedene Krankheitsbilder jeweils ein eigenes, speziell für die Erkrankung geeignetes Psychotherapieprogramm zu entwickeln. Es hat sich gezeigt, daß solche Psychotherapieprogramme sehr wirksam sind und auch die Borderline-Erkrankung heute sinnvoll und effektiv behandelt werden kann. Neben der *psychoanalytischen Behandlungsform* haben sich insbesondere die *Gestalttherapie*, die *Gesprächspsychotherapie* sowie die *Transaktionsanalyse* auf dem Gebiet der Behandlung der Borderline-Erkrankung bewährt. Zur Vertiefung und zum besseren Verständnis dieser Psychotherapieformen möchte ich Sie gerne auf weitere Literatur, z.B. Psychotherapieführer oder Fachliteratur, verweisen, die jede Therapieform im einzelnen beschreibt. Nachstehend finden Sie Beschreibung finden Sie hauptsächlich die Darstellung einer neueren Behandlungsform unter besonderer Berücksichtigung eines speziell für die Borderline-Erkrankung entwickelten Psychotherapieprogramms.

13. Die Dialektisch-behaviorale Therapie (DBT) nach M. Linehan

Die *Dialektische Therapie* von M. Linehan wurde gerade in jüngster Zeit in den USA als ein spezielles Therapieprogramm zur Behandlung der Borderline-Erkrankung eingeführt. M. Linehan greift auf eine langjährige Berufserfahrung mit suizidalen Patienten zurück. Aus ihrer Erfahrung als Psychotherapeutin heraus hat sie ein speziell für die Borderline-Erkrankung konzipiertes Behandlungskonzept entwickelt. Dabei macht sie sich Techniken aus verschiedenen Psychotherapieschulen, wie z. B. der Verhaltenstherapie, Gesprächspsychotherapie und Hypnotherapie, zunutze und integriert diese in ein umfassendes Psychotherapieprogramm. Insbesondere finden darin Teile der östlichen Lebensform Beachtung, z.B. die "innere Achtsamkeit". Dieses Konzept wurde wissenschaftlich untersucht, und die Ergebnisse dieser Untersuchung zeigen, daß die DBT eine wirksame psychotherapeutische Behandlung der Borderline-Erkrankung ist. Deshalb gibt es auch seit Anfang der 90er Jahre mehrere Arbeitsgruppen von PsychotherapeutInnen, die diese Therapieform anwenden.

Wie sieht eine psychotherapeutische Behandlung durch die Dialektische Therapie aus?

Die Dialektische Therapie ist in mehrere Therapiephasen aufgegliedert, die sich an dem Zustand der KlientInnen und an dem therapeutischen Arbeitsbündnis orientieren. Im Vordergrund steht der Grundsatz: Stabilisierung geht vor Traumaverarbeitung. Eine wichtige Voraussetzung für die therapeutische Zusammenarbeit und für ein erfolgreiches Gelingen stellt die therapeutische Beziehung dar. Borderline-Betroffene, die schon früh gelernt haben, anderen Menschen zu mißtrauen, sind umso mehr auf die therapeutische Unterstützung und das therapeutische Einfühlungsvermögen angewiesen. Dennoch werden auch provokative Methoden erfolgreich angewandt.
Außerdem besteht die Behandlung aus mehreren "Bausteinen". Demnach können und sollten alle Betroffenen sowohl eine Einzeltherapie, ein Gruppenfertigkeitentraining als auch zwischenzeitliche Telefonberatungen in Anspruch nehmen.

Was heisst Dialektische Therapie?

Vereinfacht gesprochen geht es in der Dialektischen Therapie um eine Erweiterung der herkömmlichen Verhaltenstherapie. Der Schwerpunkt der Dialektik liegt nicht wie in den üblichen Psychotherapieverfahren nur auf der Seite der Veränderung, sondern auch vor allem auf der Seite der Akzeptanz. Damit ist nicht das Gutheißen einer negativen Situation gemeint, sondern vielmehr die Fähigkeit, eine Situation so wahrzunehmen, wie sie gerade ist. Die dialektische Sichtweise zieht sich durch die gesamte Behandlungsform und ist Teil der kognitiven Therapie, bei der es darum geht, das bisherige Schwarzweiß-Denken der Betroffenen aufzulösen. In der therapeutischen Beziehung wirkt sich die Dialektik auf das Auffinden der Wahrheit beider Standpunkte, von KlientInnen und von TherapeutInnen, aus. Da die Wahrheit nie absolut ist, sondern eher relativ, geht es darum, die Wahrheit herauszufinden, die von beiden Seiten als gemeinsamer Konsens akzeptabel ist. Der Grundgedanke der Dialektik besagt also, daß es für alles auf der Welt gleichzeitig das Gegenteil gibt, zum Beispiel Tag/Nacht, gut/schlecht, schwarz/weiß. Die Gegensätze und Widersprüche beider Seiten gilt es zu erkennen und zu betrachten: Dann gibt es nicht Tag oder Nacht, sondern Tag und Nacht, es gibt nicht gut oder schlecht, sondern gut und schlecht etc. Die dialektische Arbeit besteht also darin, eine Balance zwischen den Gegensätzen herzustellen und nicht nur eine Seite, sondern beide Seiten gleichzeitig zu beachten. Dies gilt vor allem auch bei Unstimmigkeiten in der therapeutischen Beziehung.

Einzeltherapie

Aufgabe der Einzeltherapie ist es, aktuelle Schwierigkeiten, Probleme und Leid miteinander anzuschauen und zusammen Lösungsmöglichkeiten zu erarbeiten. Dabei orientieren wir uns an dem Grundgedanken: *das Gefährlichste und Bedrohlichste zuerst.* Wir schauen also am Anfang jeder Einzeltherapiestunde, was zur Zeit für die KlientIn das Gefährlichste und Bedrohlichste ist, und arbeiten genau daran. Dabei haben wir eine Prioritätenliste, die besonders gefährliche und bedrohliche Themen vorsortiert:

1. Selbstmordversuche und selbstschädigende Handlungen (d.h. alle Handlungen, die mit der Absicht durchgeführt wurden, sich zu töten, sowie Selbstmordgedanken und Selbstmordpläne. Alles, was körperlich schädigend ist, wie z.B. sich Schneiden, sich Brennen etc.)

2. Alles, was die Fortsetzung der Therapie gefährden oder sogar verhindern kann (d.h. Fernbleiben von Therapiestunden, Nichteinhalten von Vereinbarungen, ungenügendes Üben zwischen den Sitzungen)

3. Alles, was die Lebensqualität der Betreffenden herabsetzt (z.B. schädigende Beziehungen, Alkohol- oder Drogenmißbrauch)

Fertigkeitentraining in der Gruppe

Neben der Einzeltherapie ist es auch wichtig, mit anderen neue Verhaltensweisen zu üben oder bisheriges Verhalten zu stärken. Hierbei haben sich vier Hauptgebiete als Grundlage für die Übungen herauskristallisiert:

Innere Achtsamkeit

Achtsam sein heißt, sich seiner selbst und dessen, was man tut, gewahr zu werden. Mit Ihrer Wahrnehmung bleiben Sie dabei ganz in der Gegenwart und konzentrieren sich nur auf eine Sache, z.B. auf die Umgebung, die eigenen Gedanken oder Gefühle, ohne das, was Sie wahrnehmen, zu bewerten. Ziel ist es, die Wahrnehmung der Sinne zu stärken und wertfrei zu gestalten. Dabei läßt sich der Anteil der Vernunft und der emotionale Anteil, die beide unser Verhalten steuern, ausbalancieren.

Belastbarkeit

Hier geht es um Fertigkeiten, die man benutzen kann, um schwierige und leidvolle Situationen durchzustehen, wenn man keine Chance hat, die Situation zu ändern und sie dennoch irgendwie durchstehen muß. Ziel ist es, krisenförderndes Verhalten abzubauen und gleichzeitig belastende Situationen besser auszuhalten.

Zwischenmenschliche Fertigkeiten

Die Wahrnehmung der eigenen Bedürfnisse, deren Äußerung, Durchsetzung und Abgrenzung gegenüber anderen ist ein zentrales Thema im zwischenmenschlichen Bereich. Fragen wie: "Wie bekomme ich von anderen, was ich will?"; "Wie kann ich mich besser durchsetzen?"; "Wie kann ich eine Beziehung pflegen?" und ähnliches werden in diesem Abschnitt behandelt. Ziel ist es, die Kompetenz im Umgang mit anderen zu stärken.

Umgang mit Gefühlen

Dieser Baustein soll den Betroffenen helfen, einen besseren Zugang zu ihrem inneren Befinden und dessen Wahrnehmung zu erreichen. Klärung der verschiedenen Gefühlszustände und ihre Reaktionen darauf stehen im Mittelpunkt. Deshalb wird genau betrachtet, was eigentlich Gefühle sind, wie sie sich bemerkbar machen, welche Gedanken, welcher Gesichtsausdruck und welche Handlungen zum Beispiel zu bestimmten Gefühlen gehören. Ziel ist die Verbesserung der Fähigkeit, eigene Emotionen zu steuern.

Dieses Gruppentraining ist eine Art Unterricht, denn es geht darum, Neues zu lernen und für sich auszuprobieren. Deshalb gibt es auch jedesmal zu dem erarbeiteten Thema Hausaufgaben für die Woche, die es den Betreffenden erleichtern sollen, das Neugelernte für sich im Alltag umzusetzen und zu üben.

Erst nach dem Aufbau von Fertigkeiten, d.h., wenn genügend Stabilität aufgebaut ist, ist es möglich, die frühen Traumen zu bearbeiten.

Telefonberatung

Außerhalb der Therapiestunden hat jede KlientIn die Möglichkeit, sich in Krisensituationen mit ihrer EinzeltherapeutIn telefonisch in Verbindung zu setzen. Menschen mit einer Borderline-Erkrankung kommen manchmal in Krisensituationen, in denen sie die Übersicht verlieren. Oft wissen sie dann nicht mehr, was in der Situation sinnvoll wäre, und kommen so unter Spannung, daß sie nicht mehr nachdenken und in Ruhe nach Lösungsmöglichkeiten suchen können. Häufig ist die Spannung dann so groß, daß die KlientInnen schädigende Verhaltensmuster benutzen, z.B. fügen sie sich selbst Verbrennungen zu oder schneiden sich. Aufgabe der TherapeutInnen bei der Telefonberatung ist es, gerade in diesen Fällen hilfreich zur Seite zu stehen und alternative Fertigkeiten zur Bewältigung der Krise herauszufinden.

Ein *Beispiel* hierzu aus der Sicht von Claudia P. kann Ihnen die damit verbundenen Schwierigkeiten und Vorzüge vermitteln. Manchmal ist es notwendig während eines kurzen Telefongespräches ganz bestimmte Fertigkeiten herauszuarbeiten. Gelegentlich hilft die Unterstützung bei der eigenen Entscheidung weiter oder die beruhigende Versicherung, mit einer vertrauten Person sprechen zu können. Wichtigstes Ziel dabei ist es immer, einen Krisenzustand zu überbrücken, ohne zu selbstschädigendem Verhalten zu greifen.

Es kostete mich einige Überwindung, denn mein Stolz ließ es nicht zu, meine Therapeutin anzurufen. Nachdem ich ihr doch noch auf den Anrufbeantworter gesprochen hatte, wartete ich angespannt auf den Rückruf. Wer mich nur halbwegs kennt, weiß, welche Qualen ich dabei durchstand. Als es endlich klingelte, war ich nur noch erleichtert und ein Teil der Anspannung wich von mir. Das Gespräch verlief dann eigentlich recht gut und half mir erheblich weiter. Ich spürte, daß meine Therapeutin mich verstand und meine Lage ernst nahm. Sie unterstützte mich bei meinen Entschluß, in meinem Anspannungszustand, ausgelöst durch die Situation am Arbeitsplatz, erst einmal von dort fernzubleiben. Ich müsse jetzt also erst einmal den Schritt tun, diese Entscheidung voll zu akzeptieren, dahinterzustehen und diese jetzt nicht als falsch zu verteufeln. Des weiteren sprach sie mir Mut zu, mich am nächsten Tag an meine Ärztin zu wenden, auch für den Fall, daß diese sauer sei, sei sie sicherlich zur Hilfe bereit. Dies waren genau die Worte, die ich jetzt am nötigsten brauchte. Ich fühlte mich beruhigt, da sie mir vorschlug, für den morgigen Abend wieder ein kurzes Telefongespräch zu vereinbaren. Den Rest des Abends und der Nacht konnte ich dann in Ruhe mit Lesen verbringen, was nicht immer so war.

Supervisionsgruppe

Supervision ist eine berufsbegleitende Beratung, in der man sich konstruktive Kritik und Rückmeldung über den Verlauf einer therapeutischen Behandlung holt. Da die TherapeutInnen mit ihrer Person im therapeutischen Geschehen manchmal mehr und manchmal weniger emotional involviert sind, benötigen auch sie eine Rückmeldung von Außenstehenden. Diese erhalten sie in einer Supervisionsgruppe eines DBT-Teams. Dort versuchen die TeilnehmerInnen neben der Verbesserung ihrer fachlichen Qualifikation, sich gegenseitig zu helfen und zu motivieren, um für ihre KlientInnen das Beste aus der Therapie zu machen.

Medikamentöse Behandlung

Ein Medikament zur Therapie der Borderline-Erkrankung gibt es nicht. Die eigentliche Behandlung gehört immer noch in den psychotherapeutischen Bereich. Dennoch möchte ich Sie an dieser Stelle auf die unterstützende Wirkung von Medikamenten als begleitende Behandlung für bestimmte Symptombereiche der Borderline-Erkrankung aufmerksam machen. Gerade bei massiven Schlafstörungen, Depressionen, starken Angstzuständen oder kurzfristigen psychotischen Episoden müssen Medikamente manchmal vorübergehend eingesetzt werden. Die unterstützende Wirkung eines Medikamentes kann Ihnen den Weg ebnen, im psychotherapeutischen Bereich mehr Fortschritte zu machen.
Bei der Behandlung von Schlafstörungen muß nicht unbedingt ein Schlafmittel verordnet werden, denn die Behandlung läßt sich durch die Gabe von schlaffördernden Antidepressiva unterstützen. Da der Schlaf eine wichtige Voraussetzung ist, um den Alltagsbelastungen gewachsen zu sein, ist diese Medikation manchmal unbedingt erforderlich.

Eine medikamentöse Behandlung der Depression kann in einer schwierigen Situation helfen, aus der "Depressionsspirale" herauszukommen. In der Regel werden für einen längeren Zeitraum Antidepressiva eingesetzt. Zur Abschwächung von starken Gefühlsschwankungen verwendet man Lithium und Carbamazepin, die stabilisierend auf die Stimmung wirken können.

Bei psychotischen Zuständen sind je nach Indikation sowohl Antidepressiva als auch Neuroleptika zum Abklingen dieser Zustände und zur Stabilisierung geeignet.

Bei starken Angstzuständen besteht die Möglichkeit, vorübergehend mit Benzodiazepinen zu behandeln. Hier ist jedoch die Gefahr einer Abhängigkeit gegeben. Deshalb schließt sich diese Medikation bei etlichen KlientInnen aus, da sie schon von einem Suchtverhalten betroffen sind. In der Regel empfehlen die ÄrztInnen statt dessen ein atypisches Neuroleptikum mit wenig Nebenwirkungen.

Auch zur Behandlung von extremen Spannungszuständen wird an eine Dauer- oder Bedarfsmedikation gedacht. Als Dauermedikation kann sich das obenerwähnte Carbamazepin eignen, da es stimmungs- und damit auch spannungsausgleichend wirkt. Um einen Spannungszustand situativ zu beeinflussen, werden vorzugsweise sedierende Antidepressiva oder Neuroleptika verabreicht. Manchmal wird in sehr kritischen Phasen auch eine Kombination unterschiedlicher Psychopharmaka notwendig.

Eine begleitende medikamentöse Therapie kann für die Behandlung des Krankheitsbildes also durchaus sinnvoll sein. Dennoch stellen die hier dargestellten Richtlinien nur eine allgemeine Beschreibung dar. Die Wirkungsweise einer Medikation ist von Fall zu Fall verschieden und muß ganz individuell abgestimmt werden. D.h., ihr Einsatz ist nur in enger Zusammenarbeit mit Ihren behandelnden ÄrztInnen sinnvoll. Medikamente allein sind zur Behandlung der Borderline-Erkrankung jedoch nie ausreichend.

Die Einnahme von Medikamenten hängt darüber hinaus nicht nur von Ihrer ÄrztIn, sondern auch von Ihrer Einstellung ab. Wenn Sie prinzipiell gegen Medikamente sind, wird es Ihnen schwerfallen, sich an den Empfehlungen Ihrer ÄrztIn zu orientieren. Komplikationen können ebenfalls entstehen, wenn bei Ihnen ein Suchtpotential vorliegt, was die Auswahl der Medikation einschränkt. Lassen Sie sich in jedem Fall ausführlich beraten, und wägen Sie den Nutzen-Kosten-Vorteil in Anbetracht Ihrer ganz individuellen Situation ab.

14. Ziele der Behandlung

In der Verhaltenstherapie orientieren sich die einzelnen Zielsetzungen an den Bedürfnissen einer Person, an dem jeweiligen Stand und dem Verlauf der Therapie.

Im Allgemeinen stellt sich in der Psychotherapie die Frage, welche Problembereiche bearbeitet werden müssen, um wieder mehr Lebensqualität zu gewinnen.

Bei der sehr komplexen Symptomatik einer Borderline-Erkrankung und den unterschiedlichsten Problembereichen jeder einzelnen Person gibt es eine Faustregel: Symptome und Verhaltensmuster, die das Leben der Betroffenen gefährden, stehen immer im Mittelpunkt der Behandlung. Auch Verhaltensmuster, die die Betroffenen daran hindern, effektiv in der Therapie mitzuarbeiten, werden bearbeitet, um einen Therapiefortschritt zu gewährleisten.

Sie überlegen also mit Ihrer TherapeutIn gemeinsam, welche Ziele Ihnen am Herzen liegen, was anzugehen ist, welchen Weg und welche Reihenfolge Sie dabei einschlagen müssen. Machen Sie eine Prioritätenliste über die Ziele, die Ihnen am wichtigsten sind, zum Beispiel:

- Überlebensstrategien erarbeiten, um destruktives Verhalten zu reduzieren.
- Kontakt zu anderen aufnehmen, um sich aus der Isolation zu befreien.
- Aktiv Dinge tun, um wieder positive Erfahrungen machen zu können.
- Mit sich selbst einen guten Umgang pflegen, um mehr Selbstbestätigung zu finden.
- Klarheit in der eigenen Gefühlswelt zu bekommen, um den Selbsthaß zu reduzieren.

Diese Liste läßt sich im Laufe der Therapie verändern oder fortsetzen. Für den Anfang ist es jedoch wichtig, sich wenige kleine Ziele zu setzen, um sich selbst nicht zu überfordern.

15. Hilfe zur Selbsthilfe

Jede Form der Psychotherapie sollte letztendlich Hilfe zur Selbsthilfe darstellen. Im Folgenden werden Ihnen einige spezifische therapeutische Hilfestellungen aufgezeigt, die während einer Behandlung der Borderline-Erkrankung eingesetzt werden. Sicherlich können Sie diese auch in Eigenregie oder im Rahmen einer Selbsthilfegruppe umsetzen; es ist jedoch immer noch sinnvoll, in Zusammenarbeit mit einer TherapeutIn Ihre Erfahrungen dabei zu konkretisieren und zu bearbeiten.

Selbstbeobachtungsbogen

Ein Selbstbeobachtungsbogen ist in erster Linie hilfreich, um sich über die wiederkehrenden Spannungssituationen und über den Umgang damit systematisch Klarheit zu verschaffen.

Montag - Sonntag	Spannungsgefühle	Suizidalität	Drang zur Selbstschädigung
	0 - 10	0 - 10	0 - 10

Ziel ist es, für jeden Tag die erlebte Intensität des Problemverhaltens, wie auf einem Barometer zwischen 0 und 10 in den einzelnen Spalten selbst einzustufen.

In einer zweiten Tabelle tragen Sie weiteres Problemverhalten ein, damit Sie alle relevanten Gesichtspunkte erfasst haben. Auch möglichen Bewältigungsversuchen sollten Sie Beachtung schenken, um ein Gespür für Ihre Fähigkeiten zu bekommen.

Selbstschädigende Handlung/ impulsives Verhalten	Alkohol oder Drogenkonsum (Menge)	Weiteres Problemverhalten	Bewältigungsversuche der Anspannung
ja/nein			

Durch diesen recht ausführlichen Protokollbogen bekommen Sie einen Überblick über die Häufigkeit Ihres Problemverhaltens, die Art und Weise und den Umgang damit. Nach einer gewissen Zeit lassen sich über den Vergleich der Protokollbögen mögliche Fortschritte bei der Bewältigung erkennen und Hinweise für sich anbahnende Krisensituationen (Frühwarnzeichen) entdecken. Das Führen eines täglichen Selbstbeobachtungsbogens schult Ihre Wahrnehmung, und Sie lernen über einen längeren Zeitraum hinweg, Ihr Verhalten objektiver zu beurteilen.

Verhaltensanalyse

Wozu ist eine Verhaltensanalyse sinnvoll?

Ein weiteres wichtiges Instrument ist das Erarbeiten einer Verhaltensanalyse. Diese können Sie im Grunde auf jedes positive wie negative oder "ohne Wertung" auf jegliches Verhalten anwenden. Es ist jedoch ratsam, beim Auftreten von destruktivem Verhalten immer eine Verhaltensanalyse durchzuführen. Nur so lassen sich alle relevanten Faktoren, die Sie zu diesem Verhalten führen, auch erkennen. Mit Verhalten ist wiederum nicht nur die bloße Handlung selbst, sondern auch das Denken, Fühlen und die Einstellung zu sich selbst gemeint.

Grundlegendes und wichtiges Instrument

Die Verhaltensanalyse ist eine grundlegendes und wichtiges Instrument, das für viele Verhaltensänderungen als Voraussetzung dienen kann. Menschen, die ihr Verhalten regelmäßig analysieren, berichten über wichtige Erkenntnisse. Es kommt z.B. öfter vor, daß dem Problemverhalten vorausgehend ein bestimmter Punkt ausfindig gemacht wird, der schwierig zu bewältigen war und an dem es für Sie keine andere Handlungsalternative gab. D.h., möglicherweise begünstigt ein innerer Konflikt ein ungünstiges Verhaltensmuster, was das Problemverhalten fördert. Das Herausfinden von Alternativen führt in der Regel zu einer anhaltenden Änderung Ihres Problemverhaltens.

Entdecken von Verhaltensketten

Eine weitere und wichtige Entdeckung ist, daß z.B. selbst verletzendes Verhalten nicht nur auf ein unbehagliches Gefühl wie Ärger folgen muß. Oft entstehen nach dem Ärger weitere Gefühle, wie z.B. Schuld, Scham, Angst. Die wichtige Entdeckung ist, daß in manchen Fällen eher ein nicht auszuhaltendes unangenehmes Gefühl über das ursprüngliche Gefühl zu einem selbstschädigenden Verhalten führt. In diesen Fällen ist es mehr das Nichtaushalten eines sehr unangenehmen Gefühls als das ursprüngliche Gefühl selbst, was zu schädigendem Verhalten führt. Man spricht in diesen Fällen auch von Verhaltensketten, einer Verstrickung mehrerer Verhaltensmuster. Eine deutliche Verbesserung würde auftreten, wenn die betreffende Person lernt, das spannungsgeladene Gefühl besser auszuhalten.

Konsequenzen, die mein Verhalten steuern

Eine unerwartete, aber dennoch häufige Entdeckung ist, daß irgend etwas an den Konsequenzen des selbstschädigenden Verhaltens den Charakter einer Belohnung haben kann. Das läßt sich meist nur schwer herausfinden, weil die meisten Menschen, die sich selbst verletzen, nicht gerne bemerken, daß sie es mögen, für ihr Verhalten Aufmerksamkeit, Zuwendung oder Schutz und eine Form der Wiedergutmachung zu erhalten. Die Wahrnehmung dieser Folgen von selbstschädigendem Verhalten kann helfen, diese verborgene Motivation herauszufinden. Vielleicht gelingt es Ihnen erst dann, in Ihrer Umgebung andere Formen der Zuwendung oder Geborgenheit zu erlangen.

An dem folgenden *Beispiel* von Sabine J. lassen sich typische Verhaltensketten und diejenigen Faktoren erkennen, die möglicherweise auch Ihr Verhalten steuern.

Verhaltensanalyse einer selbstschädigenden Handlung

1. Meine Familie hat mir versprochen, mich nach der Klinik-Entlassung bei der Miete für eine Wohnung finanziell zu unterstützen. Ich habe ein Zimmer gefunden und rufe meine Familie an, um die Miete zu regeln. Ich fühle

mich etwas ängstlich und angespannt, weil ich mehrmals bei früheren Abmachungen mit meiner Familie enttäuscht wurde. Aber ich denke, dieses Mal wird's wohl klappen.

2. Mein Anruf ist nicht gut angekommen. Meine Familie sagt, es sei derzeit unmöglich, mir das Geld für die Miete zu geben, weil noch ein Auto für meine Schwester gekauft werden muß. Ich fühle mich verletzt, enttäuscht und denke daran, daß ich immer zu kurz gekommen bin.

3. Ich werde zornig dabei, darüber nachzudenken, wie oft meine Familie mir etwas versprochen hat, ohne es zu halten. Meine Mutter sagt am Telefon: "Du mußt auch einmal auf uns Rücksicht nehmen. Du hast uns schon genug Nerven gekostet. Mit deiner Schwester bist du gar nicht zu vergleichen." Danach werfe ich das Telefon auf den Boden und denke: "Ich halte das einfach nicht mehr aus."

4. Ich fühle mich einsam und wütend. Ich fühle mich hilflos, weil meine Pläne für die Zeit nach der Klinik nicht funktionieren. Ich denke: "Zur Klinik werde ich nie mehr zurückgehen ..., ich werde nie mehr einen Platz im Leben finden ..., ich hasse meine Familie." Zunehmend verspüre ich Haß, der außer Kontrolle gerät.

5. Ich muss ans Schneiden denken. Ich denke: "Ich werde es ihnen zeigen, wenn sie nicht in der Lage sind, auf mich Rücksicht zu nehmen, ist mir alles egal." Ich merke, daß ich explodieren werde, wenn ich nicht irgend etwas tun kann. Ich will so etwas wie Rache. Ich will mich stark und unter Kontrolle fühlen. Es ist mir danach zumute, alle anderen Menschen zurückzuweisen. Ich den-

ke: “Es ist besser, niemandem auf dieser Welt zu vertrauen.” Zuletzt hasse ich mich dafür, daß ich überhaupt angerufen habe.

6. Zunächst versuche ich mich, mit Alkohol zu betäuben. Da mir dies jedoch nicht so recht gelingen mag, hole ich meine Rasierklingen, die ich mir einige Tage zuvor besorgt hatte. Der Gedanke war, daß ich diesen Haß, die Abscheu vor mir selbst, aller Welt zeigen will. Ich will mich zerfetzen, zerstören und fange an, mich mehrmals mit einer Rasierklinge in beide Oberarme zu ritzen; dabei gerate ich förmlich in einen Blutrausch; in völliger Raserei füge ich Schnitt an Schnitt, und habe das Bild vor Augen, jeden Zentimeter meines Körpers mit Schnitten zu übersäen; ich fühle mich wie in einem angenehmen Trancezustand. Zum Glück kann ich das Schneiden stoppen, als ich ein gewisses Maß an Zufriedenheit verspüre.

7. Unmittelbar darauf kommt das Gefühl, stark und unter Kontrolle zu sein. Ich denke, daß ich mich wieder im Griff habe. Gleichzeitig fühle ich mich aber auch erschöpft, müde und dumpf.

8. Ich lege mich hin und döse ca. zwei Stunden lang. Nach dem Aufwachen bin ich nicht mehr wütend und fühle mich nicht mehr hilflos. Ich mache noch etwas Ordnung, versorge meine Wunden und gehe dann ins Bett.

9. Am nächsten Morgen fühle ich mich im Umgang mit anderen noch distanziert und cool. Ich habe etwas getan, von dem niemand etwas weiß. Ich fühle mich wieder stark und unverletzlich.

10. Nach einigen Stunden beginnt das Gefühl von Stärke nachzulassen. Ich fühle mich jetzt etwas einsam und von anderen Menschen wie abgeschnitten. Ich werde gefragt, wie ich mich fühle, und es geht mir schlecht dabei, anderen zu erzählen, daß es mir gutgeht.

11. Ich denke an das vorangegangene selbstschädigende Verhalten. Ich bin von mir enttäuscht und bezeichne mich selbst in Gedanken mit Schimpfnamen. Ich sage mir selbst, daß ich immer wieder den gleichen Mist mache und daß es mit mir nie besser wird.

12. Ich ziehe mich immer mehr und mehr zurück, während ich noch einen oberflächlichen Kontakt zu anderen Menschen aufrechterhalte. Ich stelle mir vor: "Niemand kann mir helfen." Ich fühle mich depressiv und einsam. Es geht mir nicht gut, weil ich mich wertlos fühle. Ich behalte meine Gefühle und Gedanken aber für mich, weil ich denke, daß ich kein Recht habe, andere damit zu belästigen, nachdem ich mir selbst Schaden zugefügt habe.

Anleitung zum selbstständigen Erarbeiten einer Verhaltensanalyse

Wie Sie am obigen Beispiel erkennen können, gliedert sich die Verhaltensanalyse im wesentlichen in die vorausgehenden Bedingungen, die Anfälligkeitsfaktoren und die Konsequenzen. Das Problemverhalten sollte gleich zu Beginn deutlich von Ihnen selbst definiert werden. Hier nur einige Beispiele: Schneiden, Schlagen, Dissoziieren, die Einahme von Drogen, die Unfähigkeit, nein zu sagen, etc. Die Lösungsanalyse und die Präventionsstrategien dienen der Erarbeitung von Fertigkeiten für den nächsten Krisenzustand.

Erst durch die Beantwortung all dieser Fragen sind Sie in der Lage, mögliche Verstrickungen, die zu Ihrem selbstschädigenden oder impulsiven Verhalten führen, zu erkennen. Hierzu gehören auch Einstellungen zu sich selbst oder bestimmte Gefühle, die für Sie nur sehr schwer auszuhalten sind. Durch dieses systematische Erkennen haben Sie nun die Möglichkeit, mit Ihrer TherapeutIn, die für Sie anstehenden Akzeptanz- oder Veränderungsschritte zu erarbeiten. Diese können auf unterschiedlichen Ebenen liegen: in der Verbesserung des Selbstbildes, der Durchsetzungsfähigkeit, in der Erarbeitung von Streßtoleranz oder in der Bewältigung unangenehmer Gefühle.

1. Problemverhalten: Beschreiben Sie bitte Ihr Problemverhalten im Detail. Was genau taten Sie? Wo? Wann begann das Problemverhalten? Wie lange hielt der Zustand an? Wer außer Ihnen war involviert? Was geschah mit den Gegenständen, wenn Sie welche zur Schädigung oder ähnlichem verwendeten? Beschreiben Sie Ihr Problemverhalten so genau, daß es eine SchauspielerIn in einem Theaterstück oder Film nachspielen könnte.

2. Vorausgehende Bedingungen: Welches Ereignis ging dem Beginn des Problemverhaltens voraus? Was taten, dachten, fühlten Sie, oder was stellten Sie sich vor, bevor das Problemverhalten begann? Welche Körperempfindungen nahmen Sie wahr?
   Was von dem Vorhergegangenen war Ihrer Meinung nach das wichtigste?

3. Anfälligkeitsfaktoren: Welche Faktoren machten Sie anfällig für das Problemverhalten?
   Berücksichtigen Sie folgende Aspekte: Gestörtes Essen oder Schlafen, Verletzungen, körperliche Erkrankung, Gebrauch

von Alkohol oder Drogen, Mißbrauch von Medikamenten, streßreiche Ereignisse in Ihrer Umgebung, intensive Gefühle, eigenes vorausgehendes Verhalten, das Sie belastend fanden.

4. Konsequenzen: Identifizieren Sie alles, was als Konsequenz aus Ihrem Problemverhalten folgte. Dies beinhaltet Ihre eigenen Gefühle, Gedanken, Körpersymptome und Ihr Verhalten. Wie war dies direkt nach dem Problemverhalten und wie später? Wie haben andere Personen unmittelbar und mit Verzögerung reagiert? Welche Wirkung hatte Ihr Verhalten auf Ihre Umgebung? Welche Folgen hatte Ihr Verhalten für Sie selbst und für andere Personen?

5. Lösungsanalyse: Gehen Sie noch einmal Ihre Verhaltensanalyse durch. Identifizieren Sie Punkte, wo Sie, falls Sie anders gehandelt hätten, das Problemverhalten hätten umgehen können? Welche Fertigkeiten oder welches Bewältigungsverhalten hätten Sie anwenden können oder könnten Sie nächstes Mal brauchen? Was hat dieses Mal den Gebrauch der Fertigkeiten verhindert? Welche Art von Konsequenzen für das Problemverhalten würde Ihnen helfen, das Verhalten zukünftig unter Kontrolle zu bringen?

6. Präventionsstrategien: Wie hätten Sie Ihre Anfälligkeit für das Problemverhalten verringern können? Was könnten Sie in Zukunft berücksichtigen, um Ihre Anfälligkeit zu verringern?

Nach diesem Abschnitt können Sie nun einmal selbst das Verhalten, das Ihnen immer wieder Probleme bereitet, schrittweise analysieren und dabei die Faktoren erkennen, die für Sie möglicherweise ein Schlüssel zur Veränderung sind.

16. Fertigkeitentraining

Wozu ist das Fertigkeitentraining sinnvoll?

Wie schon erwähnt, handelt es sich bei der Dialektischen Therapie um eine Kombination von Einzel- und Gruppentherapie (Fertigkeitentraining). Um in der Einzeltherapie erkennbare Fortschritte zu erzielen, bietet sich zur Unterstützung die Teilnahme an einem Fertigkeitentraining an. Erst durch das Zusammenspiel von Einzeltherapie und Fertigkeitentraining wird die Therapie fruchtbar, und Ihnen verbleibt genügend Zeit, sich in der Einzeltherapie auszusprechen und Ihr persönliches Anliegen detailliert anzugehen.

Das Üben von Fertigkeiten ist immer dann sinnvoll, wenn Sie merken, daß Sie in Ihrem Alltag entweder mit sich selbst oder mit anderen nicht klarkommen. Sie können sich sehr selbstsicher und belastbar fühlen, doch in den für Sie entscheidenden Situationen sind Sie nicht in der Lage, Ihre sonstigen Fertigkeiten anzuwenden. Die Möglichkeiten und Alternativen, die Sie im Fertigkeitentraining lernen, helfen Ihnen, sich auf die unterschiedlichsten Alltagssituationen vorzubereiten. Das Hauptziel dabei ist die Auflösung des oben beschriebenen Teufelskreises. Dies beinhaltet die Erhöhung Ihrer Belastbarkeit und Ihres Selbstbewußtseins sowie den Aufbau von alternativen Verhaltensweisen anstelle Ihres destruktiven Verhaltens.

Übungsbeispiele für das Fertigkeitentraining

Stellen Sie sich vor, Sie wären in der Situation der Betroffenen, wie in der Beispielverhaltensanalyse beschrieben. Wie hätten Sie sich in der schwierigen Situation verhalten sollen? Hätten Sie mit Ihrem Haß anders umgehen können, als sich selbst zu schaden?

Im Bereich der **Belastbarkeit** wäre Ablenkung oder körperliche Aktivität eine mögliche Strategie, um dieses intensive und unangenehme Gefühl auszuhalten. Aber auch angenehme Vorstellungen oder meditative Übungen lassen sich hier hilfreich einsetzen, um der Anspannung aus dem Weg zu gehen. Manchmal hilft es einfach nur, die Umgebung zu wechseln. In einer kaum aushaltbaren Situation ist es angebracht, zunächst etwas ganz anderes zu tun, um erst einmal etwas Abstand zu gewinnen. Wenn es Ihnen gelingt, die schwierige Situation zu überbrücken, haben Sie immer noch Gelegenheit zu entscheiden, was zu tun ist.

Im Bereich der **inneren Achtsamkeit** stünde die Wahrnehmung und Beschreibung der Situation, der Gedanken und der Gefühle im Vordergrund. Diese Beschreibung sollte wertneutral erfolgen - auch die Wahrnehmung und Beschreibung von Selbsthaß, z.B.: “Ich bin mit mir unzufrieden, weil ich meiner Familie wieder einmal Vertrauen geschenkt habe. Meine Familie hat mich im Stich gelassen, das empfinde ich als Mißachtung, darüber bin ich sehr traurig und enttäuscht, sogar wütend. Ich hasse mich und meine Familie dafür. Welche Konsequenzen ich daraus ziehe, überlege ich mir, wenn es mir wieder besser geht.” Den bestmöglichen Zeitpunkt für eine Reaktion finden Sie dann, wenn die Verstandesseite und die Gefühlsseite im Gleichgewicht sind.

Auf der **emotionalen Ebene** ist es für Sie zunächst wichtig, den eigenen Emotionen Beachtung zu schenken. Stellen Sie nicht nur den Selbsthaß in den Mittelpunkt, sondern nehmen Sie auch die Traurigkeit, Enttäuschung, die Wut und den Ärger wahr. Welches Gefühl ist dominanter als andere, welches möchten Sie am ehesten ausdrücken. Möglicherweise ist es die Wut über die Mißachtung durch die Familie, die im Vordergrund steht. Dann gilt es, diese mitzuteilen, damit Sie sich besser fühlen. Die Achtsamkeit der eigenen Emotion gegenüber wirkt sich hilfreich auf eine "gesunde" Ausrichtung der Emotion aus. Sie hilft Ihnen dabei, intuitiv den für Sie richtigen Handlungsimpuls herauszufinden.

Im Bereich der **zwischenmenschlichen Beziehungen** bestünde die Übung darin, dem Haß "anders Luft zu machen". Entweder Sie richten ihn direkt auf ein oder mehrere Familienmitglieder oder teilen ihn zumindest einem Freund oder Freundin mit. Im wesentlichen geht es hierbei darum, Ihre Meinung zu sagen, und diese mit Hilfe der Selbstbehauptung zu äußern, um die Selbstachtung zu stärken.

Möglicherweise könnte Ihnen längerfristig die **Akzeptanz** der schwierigen Familiensituation dabei helfen, sich ihr gegenüber anders zu verhalten oder sich von ihr zu lösen. Akzeptanz heißt nicht, eine Situation zu billigen oder gutzuheißen, sondern sie so wahrzunehmen, wie sie ist. Im beschriebenen Fall hieße das, daß die Familiensituation unausgewogen und belastend für Sie ist. Sie selbst bestimmen, ob und wie lange Sie das noch mitmachen möchten oder ob Sie durch den Ausdruck Ihrer Gefühle und Ihrer Meinung schon eine Veränderung erzielen können.

Akzeptanz als wichtige Voraussetzung für Veränderung

Bei all den Möglichkeiten, neues Verhalten zu lernen, sollten wir jedoch eine wichtige therapeutische Grundregel nicht außer Acht lassen: Eine Veränderung findet dann leichter statt, wenn Sie sich so akzeptieren, wie Sie sind, nicht, wenn Sie versuchen zu werden, was Sie nicht sind. D. h., Veränderung ist nicht nur die Fähigkeit, alles besser zu machen oder sich den Vorstellungen von Autoritätspersonen oder geliebten Menschen anzupassen, sondern auch die Akzeptanz dessen, was man ist. Die Erfahrung zeigt, daß ein Wandel eben gerade dann möglich wird, wenn man die Suche nach dem, was man gerne wäre oder meint sein zu müssen, aufgegeben und akzeptiert, das heißt erfahren hat, wer man ist.

Was kann dies im konkreten Fall von seelischem oder sexuellem Mißbrauch bedeuten. Sie als Betroffene können nichts dafür, daß Sie unter solchen Umständen aufgewachsen sind. Sie sind auch nicht dafür verantwortlich, daß sich aus Ihrer Lebenssituation Folgeprobleme entwickelt haben und daß Sie unter diesem Zustand leiden. Ein seelischer oder sexueller Mißbrauch ist in keinem Fall zu billigen. Es wird Ihnen jedoch leichter fallen, sich auf Neues und auf Veränderungen einzulassen, wenn Sie die Vergangenheit, so wie sie war, annehmen können.

> Es gilt ein **Leitsatz:**
> Borderline-Betroffene können nichts dafür, wie sie geworden sind, aber nur Sie können jetzt etwas dafür tun, daß sich in Ihrem Leben etwas ändert.

17. Einen Krisenzustand bewältigen

Fallbeispiel

Die folgende Schilderung von Maren W. zeigt Ihnen, wie es glücklicherweise möglich sein kann, einen Krisenzustand abzuwenden, ohne dies bewußt geplant zu haben.

In diesem Augenblick war kein Kampf mehr, nur noch Schmerz und Tränen. Und in diesem Augenblick richtete ich mich plötzlich auf. Ganz klar war vor meinem geistigen Auge: Ich bringe mich um, jetzt und sofort! Was soll dieses ganze Kämpfen, dieses Hadern mit dem Leben? Du kannst tun und lassen, was du willst - es wird doch immer weitergehen, es wird niemals aufhören! Und selbst wenn noch kurze Perioden des Glücks kämen, so würden sie den Schmerz und die Verzweiflung nur noch vergrößern, denn Kummer und Leid werden doch immer wieder vorherrschen ... So und ähnlich gingen meine Gedanken.

In völliger Ruhe und Gelassenheit begann ich die letzten Vorbereitungen zu treffen. Zwar blitzte noch kurz in mir der Gedanke auf, ich könne ja selbst in der Psychiatrie anrufen und mich einweisen lassen. Doch fand dieser Gedanke keine Unterstützung in mir und verschwand wieder ins Nichts, ohne irgendeine Spur zu hinterlassen. Ich fuhr darin fort, meine Vorbereitungen zu treffen: ein wenig Aufräumen, dann holte ich die Flasche Sekt aus dem Kühlschrank, die ich mir am Montag zur Vorbereitung besorgt hatte, zündete meine "heilige", geweihte Kerze an und holte meine

Lieblings-CDs vom Regal, beseelt von der Idee, daß ich wenigstens mit angenehmen Gedanken aus diesem Leben scheiden wollte. Dann setzte ich mich hin, begann zu trinken und mir langsam und feierlich die Tabletten einzuschmeißen. Ich versichere, daß zu jedem Zeitpunkt keinerlei Zweifel an meinem Tun vorherrschten, ich vollkommen glücklich und befreit war. Ich war bereit.
Im nachhinein kann ich nur darüber grinsen und den Kopf schütteln, welche Begebenheit mich dann letztlich doch davon abhielt, meinen Entschluß bis aufs Letzte durchzuführen. Ich hatte bereits eine Packung Insidon und ca. 10 Paracetamol geschluckt, als mir meine Zigaretten ausgingen. Da ich mir diese feierliche Zeremonie nicht ohne Tabak vorstellen konnte, wankte ich schließlich raus, um mir eine Schachtel zu besorgen. Und irgendwie muß dieser kurze Aufenthalt in der frischen Luft meinem Gemüt gutgetan haben. Denn ich kehrte wieder zurück, zwar immer noch in dem Gedanken, meinen Plan durchzuführen, aber gleichzeitig war irgendwo doch die Entscheidung gefallen, daß ich es zumindest heute Nacht nicht tun würde, auch wenn mir dieses in dem Augenblick absolut nicht bewußt war.

Welche Fertigkeiten hat die Betroffene möglicherweise angewandt?

Im wesentlichen mögen wohl die Ablenkung durch das Zigarettenholen und die frische Luft eine Rolle gespielt haben. Diese Tatsache liefert Ihnen einen Hinweis darauf, daß allein die Veränderung der Umgebung schon dazu führen kann, Ihre Stimmung zu verändern. Aber auch mit den Suizidgedanken verhält es sich in dem obigen Beispiel wie bei einer zweischneidigen Sache. Hat sich die Betroffene durch die Vorstellung an das bevorstehende Ereignis nicht gut und glücklich gefühlt. Haben sie nicht die Suizidgedanken und die Vorstellung an die Zeremonie dazu gebracht, überhaupt hinauszugehen und sich Zigaretten zu holen. Dennoch war hier allerhöchste Alarmstufe angesagt. Ein Suizidgedanke ist eine Vorstellung; die Vorbereitung des Suizids mit Einnahme von Alkohol und Medikamenten ist in jedem Fall bedrohlich. Was Sie in solch einer Situation tun sollten, finden Sie im nächsten Abschnitt.

Hilfe holen

Sollten Sie sich tatsächlich in einer Krisensituation befinden, kann es für Sie sehr wichtig sein, die Ihnen angebotene Hilfe anzunehmen oder, falls Sie alleine sind, überhaupt um Hilfe zu bitten. In solch einer Situation können Sie Ihre TherapeutIn anrufen, sich bei Freunden, Verwandten oder Nachbarn melden. Ist niemand zu erreichen, gehen Sie ans Telefon und rufen die Notfallambulanz an. Sind Sie körperlich zu Schaden gekommen, ist es ratsam, eine medizinische Einrichtung aufzusuchen.

Gefährliche Gegenstände/Mittel beseitigen

In einer Krisensituation sollten Sie alle gefährlichen Gegenstände, alle Medikamente, Alkohol oder Drogen wegwerfen. Auch kann es ratsam sein, unmittelbar die Umgebung zu wechseln, um Schlimmeres zu verhindern.

Zeit gewinnen

Haben Sie sich einigermaßen in Sicherheit gebracht, gilt es, diejenigen Fertigkeiten (z.B. Ablenkung, gedankliche Vorstellung, Umgang mit Gefühlen) einzusetzen, die Ihnen helfen, mit der Anspannung besser zurechtzukommen. Manchmal ist es naheliegend, die Situation, in der Sie gerade sind, einfach zu verlassen. Jede andere Situation bewirkt wieder einen anderen emotionalen Zustand. Die Ablenkung, die dadurch entsteht, kann Ihnen helfen, einen Abstand zu Ihrem Anspannungszustand zu bekommen und diesen dadurch besser auszuhalten oder zu bewältigen.

Den Konflikt bewältigen

Fühlen Sie sich ausreichend geordnet und stabil, wirkt es eventuell entlastend, den Auslöser oder Konflikt anzugehen, der zu dem eigentlichen Krisenzustand führte. Dazu ist wiederum das Bearbeiten der Verhaltensanalyse sinnvoll. Folgende Fragen sollten Sie sich dabei in Kurzform beantworten:

- Was war das Problem?
- Wie habe ich mich gefühlt?
- Was habe ich gedacht?
- Welche Konsequenzen haben sich daraus ergeben?

Die Antworten könnten zum Beispiel folgendermaßen aussehen:

- Ich hatte den Eindruck, daß andere über mich reden.
- Ich habe mich traurig und inkompetent gefühlt.
- Ich habe mir gesagt, ich bin nicht liebens- und lebenswert.
- Ich habe mich destruktiv verhalten und mich danach schuldig gefühlt.

Wenn Sie mehrere Probleme entdecken, machen Sie eine Liste darüber, was Sie am meisten belastete.

18. Das Problemlösen

Sicherlich haben Sie schon versucht, unterschiedliche Problembereiche anzugehen (z.B. mehr Aktivität in Ihren Alltag zu bringen, Kontakte zu pflegen, sich ausgewogen zu ernähren usw.); in einigen Fällen ist Ihnen dies gelungen, in anderen Fällen wiederum nicht. Möglicherweise liegt dies daran, daß Sie sich über- oder unterforderten. Es kann eine Zeitlang dauern, bis Sie hilfreiche Fertigkeiten auch konstruktiv anwenden können. Wenn Sie bemerken, daß Sie beim Lösen von Problemen immer wieder Schwierigkeiten haben, sollten Sie nochmal alles Schritt für Schritt durchgehen. Dabei werden Sie feststellen, daß es leichter ist, eine konkrete Situation anzugehen (z.B. eine Verabredung mit ... zu treffen, einen Obsttag einzulegen, einen Behördengang zu erledigen etc.), als ein komplexes Problem allgemein lösen zu wollen. Komplexe Problembereiche lassen sich leichter überschauen, wenn sie in einzelne Punkte aufgeteilt werden, die man dann nach dem Prinzip der kleinen Schritte angehen kann. Dies trifft für den Aufbau von Selbstsicherheit genauso zu wie für den Abbau von destruktivem und Suchtverhalten.

1. Beschreiben Sie Ihr Problem möglichst genau

Hilfreiche Fragen dazu:

- Wie sieht mein Problem genau aus?
- Unter welchen Bedingungen tritt mein Problem auf? (wo, wann, wie häufig)
- Was passiert mit mir? (Gedanken, Gefühle, Verhalten)
- Wie sehen die Konsequenzen aus?
- Was hinderte mich bisher, mein Problem anzugehen?

2. Legen Sie fest, was Ihr Ziel ist

Hilfreiche Fragen dazu:
- Was genau möchte ich ändern?
- Wo genau möchte ich hin?
- Ist mein Ziel realistisch?
- Überfordere ich mich?

3. Überlegen Sie sich, auf welchem Weg Sie Ihr Ziel erreichen können

Hilfreiche Fragen dazu:
- Welche verschiedenen Möglichkeiten gibt es überhaupt?
- Welche möchte ich ausprobieren?
- Welche konkreten Maßnahmen muß ich dafür ergreifen?
- Welche Hilfen brauche ich dazu?

4. Probieren Sie erste Lösungsschritte aus

Hilfreiche Fragen dazu:
- Wie kann ich mir für meine ersten Lösungsschritte möglichst leichte Bedingungen schaffen?
- Wie können mir andere unter Umständen dabei helfen?
- Was kann ich direkt mit anderen ausprobieren und üben?

5. Bewerten Sie ihre Lösungsschritte

Hilfreiche Fragen dazu:
- Wie habe ich mich dabei gefühlt?
- Waren meine Lösungsschritte erfolgreich?
- Wenn nein: Was genau hat den Erfolg verhindert? Wie kann ich das Hindernis beseitigen?
- Wenn ja: Bin ich zufrieden?

19. Prävention - wie kann ich Rückfällen vorbeugen?

Haben Sie in Selbsthilfe oder mit Hilfe einer TherapeutIn schon eine Krisensituation bewältigt oder eine Veränderung gespürt, dann ist es gerade in ausgeglicheneren Zeiten hilfreich, weiter an sich zu arbeiten. Die Achtsamkeit für sich selbst hilft Ihnen dabei, den eigenen Gedanken und Gefühlen mehr Beachtung zu schenken und eventuelle schwierige Situationen im voraus zu erkennen und gegebenenfalls abzufangen. Erst dann ist es einfacher, die Steine, die Ihnen im Weg liegen, eventuell zu beseitigen oder zu umgehen, als darüber zu stolpern.

Stabilität und Gleichgewicht in den Alltag bringen

Nur wer mit seinen Wurzeln fest im Boden verankert ist, kann auch einen Sturm relativ schadlos überstehen. Da wir immer wieder mit Krisensituationen zu rechnen haben, brauchen wir zu deren Bewältigung viel Kraft und Energie. In einem Zustand höchster Anspannung oder im Gefühlschaos benötigen wir unsere ganze Kraft und Konzentration. Wenn wir es gewohnt sind, täglich für uns zu sorgen, wird uns dies auch für Krisensituationen stärken. Um eine physische und psychische Grundstabilität zu erhalten, ist das Umsetzen folgender Hinweise hilfreich:

Behandlung körperlicher Krankheiten

Jede körperliche Krankheit oder Begleiterscheinungen wie Depressionen, Angstzustände, Schlafstörungen bringen Ihren Alltag aus dem Gleichgewicht. Dinge, die Sie zuvor vielleicht noch gemacht haben, gelingen Ihnen kaum mehr. Achten Sie deshalb auf Ihren körperlichen Zustand und nehmen Sie Frühwarnzeichen wahr. Gehen Sie zum Arzt, wenn es notwendig ist, und nehmen Sie die Ihnen verordneten Medikamente regelmäßig.

Ausgewogene Ernährung

Ihr körperliches Wohlbefinden beeinflußt in direkter Weise Ihren psychischen Zustand. Die Art der Ernährung hat hierauf einen wesentlichen Einfluß. Leiden Sie nicht gerade an einer Eßstörung, die zu Ihren Hauptproblembereichen gehört und deshalb gesondert bearbeitet wird, gelten folgende Hinweise. Essen Sie nur Dinge, die Ihnen wirklich schmekken. Achten Sie auf Ausgewogenheit (Vitamine, Ballaststoffe etc.). Beobachten Sie, wie sich Ihr Körper vor und nach dem Essen fühlt. Essen Sie nicht zu viel und nicht zu wenig, weil Sie sonst zu schnell ermüden oder gereizt sind. Halten Sie sich fern von Nahrungsmitteln, die Ihnen nicht gut tun.

Vermeidung stimmungsverändernder Substanzen

Wie Sie sicherlich schon selbst festgestellt haben, kann der Einfluß von Alkohol und Drogen Ihre Stimmung ins extrem Negative oder Positive schwanken lassen. Häufig verstärkt die Einnahme eine schon bestehende Grundstimmung; manchmal hat dies verheerende Folgen und kann bis zur Suizidalität führen, da Sie auch die Ereignisse um sich herum unter dem Einfluß von Alkohol oder Drogen verzerrt wahrnehmen. Vermeiden Sie deshalb exzessiven Alkohol- oder Drogenkonsum.

Ausreichender Schlaf

Das Auftanken durch den Schlaf wirkt sich in jedem Fall günstig auf Ihre Belastbarkeit aus. Versuchen Sie also, so viel Schlaf zu bekommen, daß Sie sich wohl fühlen. Informieren Sie sich über ein Schlafprogramm, wenn Sie unter Schlafstörungen leiden.

Bewegung

Wissenschaftliche Untersuchungen haben ergeben, daß z.B. Jogging eine antidepressive Wirkung hat. In jedem Fall ist körperliche Bewegung stimmungsaufhellend, auch wenn sich die meisten Menschen dazu aufraffen müssen. Jede richtige Durchbewegung des Körpers wirkt zunächst aktivierend und hinterher entspannend. Dazu gehören Wanderungen, ausgiebiges Schwimmen, Radfahren, Tanzen oder was Sie gerade gerne mögen; wichtig dabei ist, daß Sie es immer wieder tun.

Selbstdisziplin

Machen Sie sich eine Liste von den Dingen, die für Sie wichtig sind. Dabei ist es nicht von Bedeutung, etwas Besonderes zu tun, sondern sich etwas vorzunehmen und dies auch umzusetzen. Denken Sie dabei an Ihren Haushalt, an Körperpflege oder daran, sich etwas Schönes zu leisten, jemandem eine Freude zu machen, ein Telefonat zu führen oder einfach etwas in Angriff zu nehmen, was sie schon lange hinausgeschoben haben. Sobald Sie etwas umsetzen, was Sie sich vorgenommen haben, gewinnen Sie mehr Kontrolle über Ihr Leben, und Sie fühlen sich kompetenter. Um darin mehr Sicherheit zu bekommen, hilft es Ihnen, eine Weile immer wieder dasselbe zu tun.

20. Sich seiner selbst gewahr werden

Wenn Sie in den grundlegenden Alltagsfertigkeiten Sicherheit und Stabilität erreicht haben, dann können Sie sich in der Selbsthilfe/Therapie weiteren wichtigen, jedoch auch komplexen Schwerpunkten widmen:

1. Umgang mit Gedanken
2. Umgang mit Gefühlen
3. Umgang mit Menschen
4. Umgang mit Achtsamkeit

Umgang mit Gedanken

Manchmal passiert es ganz unmerklich, daß sich Gedanken einschleichen, die Sie in Ihrem Alltagsverhalten lähmen oder zu chaotischen Zuständen führen. Sie erleben es selbst, wie Sie in ihrem Denken unentwegt das Leben und die Welt in den düstersten Farben malen. Wie alle Menschen halten Sie in diesen Momenten Ihre Gedanken für wahrheitsgemäße

Sichtweisen über sich und die Welt. Es fällt Ihnen schwer, diese Schwarzweiß-Gedanken in Frage zu stellen - so zweifelsfrei, wahr und richtig erscheinen sie Ihnen. Und doch ist jeder Gedanke zunächst nur ein Gedanke und möglicherweise ein Symptom der Borderline-Erkrankung. Eine verzerrte falsche Nachricht, die korrigiert werden kann.

Gehen Sie hierzu der Reihe nach vor:
Beispiel:

1. Sie denken z.B. “Ich war schon immer ein Versager”.

2. Machen Sie sich klar, daß dieser Gedanke nur ein Gedanke ist und durch die Realität überprüft werden muß, auch wenn der Gedanke unangenehme Gefühle nach sich zieht.

3. Erinnern Sie sich, daß es möglicherweise ein verzerrter, also ein Entweder-oder-Gedanke ist.

4. Sammeln Sie Punkte, die für und gegen diesen Gedanken sprechen. Bleiben Sie dabei genau. Denken Sie daran, was ein Mensch, dem Sie vertrauen können, statt dessen sagen würde, z.B.: „In letzter Zeit ist einiges schiefgelaufen, aber nicht nur wegen deiner Unfähigkeit, sondern auch durch andere Umstände. Außerdem hast du bisher einige Erfolge gehabt, die dir voll und ganz zustehen.“

   So gibt es eine Reihe störender Gedanken, die Sie wie selbstverständlich akzeptiert haben. Diese Gedanken haben Sie sich vielleicht schon als grundsätzliche Einstellungen zu eigen gemacht - ohne zu merken, wie Sie Ihre Fähigkeiten zum Handeln beeinträchtigen. Folgende Beispiele zeigen Ihnen, wie Sie solche grundsätzlichen Entweder-oder-Einstellungen entdecken können.

"Nur wenn ich den Erwartungen anderer Folge leiste, werden sie mich mögen."

Beispiel: Meine Nachbarin bittet mich in ihrer Abwesenheit, ihre Katze zu versorgen. Wenn ich nein sage, weil ich selbst Besuch bekomme, fühle ich mich schuldig und wertlos. Sage ich ja, handle ich nach der obigen grundsätzlichen Einstellung, fühle mich jedoch eingeschränkt und habe Angst, meinen Besuch damit zu stören.
Ein realistischer Gegengedanke könnte folgendermaßen lauten: Wenn ich zu jemandem nein sage, macht mich das nicht zu einem selbstsüchtigen Menschen.

"Wenn ich andere um Unterstützung bitten muß, denken die, daß ich dumm bin."

Beispiel: An meiner Arbeitsstelle bleibe ich bei einem Vorgang hängen. Handle ich nach der obigen Einstellung, werde ich mich nicht den Mut haben zu fragen, dabei möglicherweise einen Fehler machen oder lange für den Arbeitsvorgang brauchen.
Ein realistischer Gegengedanke könnte folgendermaßen lauten: Bislang habe ich meine Arbeit ganz gut gemacht, und es ist in Ordnung, eine andere Person zu fragen.

"Ich bin so ein schlechter Mensch, daß ich das ... nicht verdiene."

Beispiel: Jemand schreibt mir einen liebevollen Brief, aber ich antworte nicht. Möglicherweise auch, weil ich denke: "Man kann anderen nicht vertrauen", "Ich mache mich lächerlich" etc.
Ein realistischer Gegengedanke könnte folgendermaßen lauten: Es wäre traurig, wenn ich nicht antworten würde,

sicherlich würde mir die Person nicht schreiben, wenn ich für sie nicht wichtig wäre.

5. Um auf den Gegengedanken zu kommen, ist es notwendig, die Situation von allen Seiten zu betrachten - möglicherweise ziehen Sie die Meinung anderer hinzu. Es gilt also, jeden Gedanken neu zu überprüfen und sich zu fragen, welche Tatsachen für und welche gegen diesen Gedanken sprechen.

Umgang mit Gefühlen

Gefühle erkennen

Die Wahrnehmung von Gefühlen ist sehr wertvoll, weil sich Ihr Handeln dadurch intuitiv steuern läßt. Insbesondere bei der Bewältigung der Borderline-Erkrankung ist der Umgang mit Gefühlen eine zentrale Fertigkeit, um einerseits mehr Klarheit in die Gefühlswelt zu bringen und sich andererseits vor ungünstigen und überschießenden Reaktionen zu schützen. Der bewußte Umgang mit Gefühlen erfordert einige Übung. Zunächst geht es darum, die Gefühle wahrzunehmen und zu beschreiben, also sie zu erkennen. Sind Sie sich in Ihrer Gefühlswahrnehmung unsicher, so sprechen Sie mit anderen darüber. Beschreiben Sie dabei die Situation und ihre körperlichen Empfindungen, denn dadurch finden Sie konkrete Hinweise auf Gefühlszustände. Z.B. empfinden Sie bei Angst eher Herzrasen, bei Traurigkeit eher einen Kloß im Hals. Manchmal genügt schon die Frage, wie sich andere in dieser Situation möglicherweise gefühlt hätten. Auch der erste Impuls, zu handeln, kann Ihnen einen Hinweis auf Ihren Gefühlszustand geben.

Beispiele:

* *Ich hätte am liebsten geheult*	*- Trauer*
* *Ich wäre am liebsten geflüchtet*	*- Angst*
* *Mir war zum Platzen zumute*	*- Wut*
* *Ich wollte mich am liebsten in einem Mauseloch verkriechen*	*- Scham*
* *In meinem Bauch fühlte es sich wie in einem Springbrunnen an*	*- Freude*

Jedes Gefühl ist berechtigt, und deshalb gilt auch hier das Prinzip der inneren Achtsamkeit - die Dinge so wahrzunehmen, wie sie sind, ohne eine Bewertung folgen zu lassen. Ich bin kein schlechter Mensch, wenn ich ängstlich, traurig oder wütend bin, ich muß die Gefühle nicht in Selbsthaß gegen mich umwandeln.

Bedeutung von Gefühlen

Der Ausdruck von Gefühlen spielt im zwischenmenschlichen Bereich eine große Rolle. Wir kommunizieren mit anderen alleine durch unseren Gesichtsausdruck und unsere Gestik, die eng mit dem emotionalen Befinden verbunden sind. Ein trauriges Gesicht, zeigt beim Gegenüber eine andere Wirkung als ein wütendes. Mit unserem Gefühlsausdruck beeinflussen wir indirekt die Gefühlswelt der anderen. Wer hat sich nicht schon einmal von einer heiteren oder traurigen Stimmung anstecken lassen oder kennt den Zustand des Mitgefühls. Gefühle geben uns Impulse und können uns zu einer bestimmten Handlung motivieren. Gerade wenn man ein Gefühl sehr intensiv erlebt, ist man stärker motiviert, z.B. einen Konflikt zu klären oder eine Aufgabe zu bewältigen, als wenn das Gefühl relativ rasch wieder abflaut. Des weiteren sind unsere emotionalen Reaktionen auf Menschen und Ereignisse ein Indikator dafür, wie die Situation oder der Mensch gerade einzuschätzen ist.

In der Regel ist es richtig, Gefühle zuzulassen, dabeizubleiben und gegebenenfalls danach zu handeln. Ungünstige Reaktionen entstehen jedoch dann, wenn die Gefühle die Oberhand gewinnen. Borderline-Betroffene sind meist sehr sensitiv und können ihre Gefühle sehr intensiv erleben. Deshalb passiert es gelegentlich, daß Sie Ihren Gefühlen eine zu starke Bedeutung beimessen und diese wie eine Tatsache behandeln, z.B.:

Wenn ich mich unfähig fühle, dann bin ich es auch.
Wenn ich mich depressiv fühle, dann ist alles um mich herum schwarz.
Wenn ich vor etwas Angst habe, dann ist es auch bedrohlich.
Wenn ich mich ärgere, dann bin ich auch im Recht.
Wenn ich jemanden als vertrauenswürdig empfinde, dann ist diese Person in Ordnung.
Wenn ich Angst vor dem Alleinsein habe, dann darf mich auch niemand alleine lassen.

Im allgemeinen besteht die Auffassung, daß eine spontane und emotionale Reaktion immer die beste sei. Allerdings führt eine solche Reaktion manchmal zu ungünstigen Einschätzungen oder Handlungen. Deshalb brauchen Sie sich nicht unbedingt dazu verpflichtet fühlen, aus jedem Gefühl heraus spontan zu handeln, wenn Sie den Eindruck haben, daß Ihnen die Folgen davon mehr schaden als nutzen. *Sie sind nicht nur Ihr Gefühl !*

Achtsamkeit für Gefühle

Weil die Gefühle manchmal den Blick für weitere Realitäten trüben, ist es wichtig, die Gefühls- und Verstandeswelt in Einklang zu bringen. Keiner der beiden Anteile sollte die Oberhand gewinnen, sondern sie sollten im Gleichgewicht zueinander liegen. Durch die Wahrnehmung aller Faktoren kann es Ihnen gelingen, sich von den extremen Hochs und Tiefs zu distanzieren.

Gefühlsseite ⇔ Intuitives Wissen ⇔ Verstandesseite

Auch wenn ein Gefühlszustand ungünstig ist, können Sie ihn wie eine Welle, die kommt und wieder geht, zulassen. Wenn Sie diese Welle so akzeptieren, wie sie ist, wird sie mit Sicherheit auch wieder verschwinden.
Durch die Wahrnehmung und Beschreibung von Gefühlen besteht die Möglichkeit, zunehmende Akzeptanz für Ihre Gefühlswelt herzustellen, ohne sich dabei entwerten zu müssen. Sie werden festestellen, daß die innere Achtsamkeit dazu verhilft, die schmerzlichen Gefühle vorbeiziehen zu lassen. Sagen Sie sich, daß ein Gefühl ein Gefühl ist, ein Gedanke ein Gedanke, aber daß Sie nicht unbedingt danach handeln müssen. So paradox es klingt, die Wahrnehmung von Gefühlen, sie voll und ganz wahrzunehmen, kann emotionale Schmerzen vermindern.

Dem Gefühl entgegenhandeln

Darüber hinaus gibt es noch eine Reihe von Gefühlen, die einer Situation nicht angemessen sind und zur Beeinträchtigung Ihrer Alltagsgestaltung führen.

Beispiele: Angst, Depression, Hilflosigkeit, Enttäuschung, Schuldgefühle, Scham oder Ärger.

* *Weil ich Angst habe, kann ich nicht alleine sein, weggehen etc.*
* *Weil ich deprimiert bin, kann ich mich zu nichts aufraffen.*
* *Weil ich mich hilflos fühle, kann ich keinen Plan machen.*
* *Weil ich enttäuscht bin, melde ich mich nicht mehr.*
* *Weil ich mich schuldig fühle, tue ich alles, was man von mir erwartet.*
* *Weil ich mich schäme, gehe ich Begegnungen aus dem Weg.*
* *Weil ich mich ärgere, kann ich mich auf gar nichts mehr freuen.*

Schmerzliche Gefühle lassen sich durch Handeln in akzeptable Zustände zu verwandeln. Machen Sie sich dabei bewußt, daß Sie durch eigene Initiative neue Gefühlszustände wecken können.
Vergegenwärtigen Sie sich die obigen Beispiele. Handeln könnte nun folgendermaßen aussehen:

* *Obwohl ich Angst habe, versuche ich, alleine eine Situation zu bewältigen.*
* *Obwohl ich mich niedergeschlagen fühle, gehe ich einer Beschäftigung nach.*
* *Obwohl ich mich hilflos fühle, strukturiere ich meinen Alltag.*
* *Obwohl ich enttäuscht bin, treffe ich eine Verabredung*
* *Obwohl ich mich schuldig fühle, tue ich das, was ich für richtig halte.*
* *Obwohl ich mich schäme, setze ich mich mit der Situation auseinander.*
* *Obwohl ich mich ärgere, wende ich mich auch wieder* angenehmeren *Dingen zu.*

Positive Gefühle zulassen

Nicht zuletzt sollten Sie darauf achten, Ihren positiven Gefühlen mehr Raum zu geben. Das kann Ihnen gelingen, indem Sie mehr Dinge tun, die Sie als angenehm empfinden, indem Sie es sich z. B. gemütlich machen, Kontakte pflegen, einen Raum gestalten, Musik hören, ins Kino gehen oder eine Tasse Tee trinken etc. Gestalten Sie Ihr Leben so, daß positive Gefühle häufiger auftreten können; nehmen Sie sich z.B. für jeden Tag bewußt etwas vor, was Sie als angenehm empfinden. Wenn Sie sich entspannt oder zufrieden fühlen, vielleicht sogar freuen, denken Sie nicht daran, ob Sie dies auch verdient haben oder wie lange der Zustand wohl andauern wird. Wenden Sie sich von Sorgen ab, und konzentrieren Sie sich auf die Dinge, die ein angenehmes Befinden in Ihnen auslösen.

Umgang mit Menschen

Borderline-Betroffene können einerseits das Alleinsein meist schlecht ertragen, fühlen sich aber in der Gegenwart von anderen auch unwohl. Die Ambivalenz, Beziehungen einzugehen, führt gelegentlich zu Rückzug und schließlich zu depressiven Symptomen und zu Einsamkeitsgefühlen. Dennoch wissen wir alle, daß sich die zwischenmenschlichen Kontakte prinzipiell positiv auf unser Befinden auswirken. Auch wenn es Sie einige Überwindung kostet, beginnen Sie langsam frühere Kontakte und Beziehungen wieder aufzunehmen. Haben Sie einen Schritt getan, bleiben Sie dabei, und pflegen Sie Ihre Beziehungen. Lassen Sie auch die alltäglichen nachbarschaftlichen oder beruflichen Kontakte nicht außer Acht.

Sind Sie sich unsicher, wie Sie sich in den einzelnen Begegnungen verhalten sollen, orientieren Sie sich an folgenden Aspekten:

In zwischenmenschlichen Beziehungen sind unterschiedliche Umgangsformen und Verhaltensmuster je nach Situation und Rolle gefragt. Am Arbeitsplatz verhalten Sie sich anders und haben meist andere Bedürfnisse als im Privatleben. In einem Training für Selbstsicherheit lassen sich einige Verhaltensweisen einüben, die ihr Auftreten verbessern. Hier soll es um die Frage gehen, was Sie eigentlich in einem Gespräch, in einer kurzen Begegnung oder einer Auseinandersetzung verfolgen. Geht es Ihnen manchmal auch so, daß Ihnen gar nicht klar ist, was Sie gerade wollen? Wenn Sie genauer wissen, welches Ziel Sie verfolgen, ist es einfacher, die entsprechenden Strategien dafür z.B. in einem Selbstsicherheitstraining zu erlernen.

In zwischenmenschlichen Begegnungen geht es immer um mehrere Aspekte:

1. Um die Sachebene - Was will ich in der Sache erreichen? (z.B. eine Gehaltserhöhung, klare Regeln für die Putzordnung, eine Verabredung festmachen, einen Standpunkt vertreten).

2. Um die Beziehungsebene - Wie wünsche ich mir die Beziehung gerade? (z.B. möchte ich mich belanglos austauschen, dem anderen zuhören, Zuneigung zeigen, Gehör bekommen, respektiert werden etc.)

3. Um den Selbstachtungsaspekt - Wie möchte ich mich fühlen, wenn die Begegnung mit dem Menschen vorüber ist? (indem Sie sich z.B. von einer Situation abgrenzen und diese mit Würde beenden). Respektieren Sie dabei Ihre

eigenen Werte und Überzeugungen, und handeln Sie danach. Vermeiden Sie Kompromisse oder Zugeständnisse, hinter denen Sie nicht stehen können. Das wird Ihr Selbstwertgefühl erhöhen.

Welche Ebene ist gerade am wichtigsten:
Geht es um einen bestimmten Aspekt, den Sie erreichen möchten, so konzentrieren Sie sich ausschließlich auf die Sachebene. Ist die Beziehung wichtiger als die Sache, kann man in der Sache Kompromisse schließen. Manchmal steht die Lösung eines Konfliktes jedoch so stark im Vordergrund, daß es sich eventuell lohnt, die Beziehung vorübergehend zu gefährden. Hinterher fühlen Sie sich wie nach einem reinigenden Gewitter, und die Beziehung wird sich in der Regel wieder stabilisieren. Geht die Selbstachtung über alles, muß man sich ganz auf diese Ebene konzentrieren, unabhängig davon, was die anderen von einem denken.

Achtsamkeit pflegen

Die innere Achtsamkeit ist ein wertvolles Gut, das Ihnen hilft, bei sich zu bleiben und sich nicht in den Strudel von negativen Gedanken und Gefühlen ziehen zu lassen. Durch die innere Achtsamkeit können Sie Gefühl und Verstand in ein Gleichgewicht bringen und Ihrer Intuition mehr Raum geben, d. h., ganz im Hier und Jetzt zu bleiben und sich nur auf eine Sache zu konzentrieren. Damit haben Sie die Möglichkeit, sich selbst und dem, was Sie tun, die volle Aufmerksamkeit zu schenken. Wie läßt sich die innere Achtsamkeit fördern? Nehmen Sie sich täglich etwas Zeit dafür. Versuchen Sie z.B. nur mal einige Minuten, sich nur auf eine Sache zu konzentrieren, z.B. das Zähneputzen. Nehmen Sie jede Bewegung und jedes Gespür wahr - kommt ein Gedanke, nehmen Sie den Gedanken wahr und lassen Sie ihn an sich vorüberziehen, kommt ein Gefühl, machen Sie es ebenso. Sie können auch aufmerksam die Zeitung lesen, einen Tee trinken oder ihrem Atem folgen. Immer, wenn Sie ganz bei sich sind, sind Sie auch achtsam.

21. Die Prognose

"Wer glaubt, Borderline-Störungen seien nicht therapierbar, der hat sich geschnitten" (Zitat einer Betroffenen).
Auf dem Hintergrund der Komplexität der Borderline-Symptomatik entstand gelegentlich der Eindruck, daß therapeutische Fortschritte nur schwerlich zu erzielen seien. Selbstverständlich lassen sich wie bei allen anderen Krankheitsbildern nicht alle Symptome und Problembereiche mit einem Schlag beseitigen. Doch mit einer gezielten psychotherapeutischen Behandlung, zum Beispiel der Dialektischen Therapie, ist es möglich, die Problembereiche zu sortieren und nacheinander anzugehen, so daß Sie auch Fortschritte erkennen können.

22. Wie finde ich die richtige Behandlung und die richtige TherapeutIn?

Therapieverfahren

Nach dem neuen Psychotherapeutengesetz gilt der Begriff Psychotherapeut als geschützter Beruf, dabei unterscheidet man zwischen ärztlichen und psychologischen PsychotherapeutInnen. Allerdings sind nur die TherapeutInnen von der Kassenärztlichen Vereinigung zugelassen, die eine abgeschlossene Ausbildung in Verhaltenstherapie, Psychoanalyse oder tiefenpsychologisch fundierter Psychotherapie vorweisen. Bei ambulanter Behandlung werden von den Krankenkassen nur diese Psychotherapieformen anerkannt. Dies hat zur Folge, daß andere humanistische Psychotherapieformen wie Gesprächspsychotherapie, Gestaltpsychotherapie, Transaktionsanalyse oder Körpertherapieverfahren von den Kassen nicht mehr bezahlt werden.

Leider galt bislang der Verhaltenstherapie gegenüber oft noch der Vorwurf, sie behandle nur Symptome und behebe nicht die wirklichen Ursachen einer Störung. Dieser Einwand bestand insbesondere beim Vergleich mit der Psychoanalyse, von der man behauptete, sie arbeite an den wahren Ursachen, da sie die Probleme zurück bis in die Kindheit verfolge. Beides ist jedoch so nicht richtig. Die moderne Verhaltenstherapie geht davon aus, daß die aktuellen Symptome Resultat verschiedener Bedingungen (Ursachen) sind. In der Regel handelt es sich dabei um negative, einschränkende oder traumatisierende Erfahrungen aus der Kindheit, der Jugendzeit oder dem Erwachsenenleben. Diese Erfahrungen wirken im Denken, Fühlen und Verhalten der Betroffenen weiter, welche in der Psychotherapie als Verhaltensmuster bearbeitet werden. Während also die tiefenpsychologisch fundierte Psychotherapie eher die Lösung der unbewußten Konflikte zum Ziel hat, strebt die Verhaltenstherapie eher die Bewältigung von problematischen Verhaltensmustern an. Beide Therapieformen erfüllen unterschiedliche Bedürfnisse und können zu unterschiedlichen Zeiten sinnvoll sein.

Die Person der TherapeutIn

Auf der Suche nach einer PsychotherapeutIn spielen persönliche Vorlieben eine große Rolle. Weibliche Klientinnen wünschen sich häufig eine Therapeutin. Lassen Sie sich dabei jedoch nicht so sehr von Ihren Vorstellungen leiten, sondern achten Sie auf die gesamte Atmosphäre. Bei der Auswahl einer TherapeutIn kommt es darauf an, ob diese Person auf dem Gebiet der Borderline-Erkrankung kompetent ist. In zweiter Linie ist es wichtig, daß Sie sich in ihrer Umgebung wohl fühlen. Können Sie dort möglicherweise Vertrauen finden und sich öffnen? Folgende Fragen sollen Ihnen dabei helfen, eine Entscheidung zu treffen:

- Ist die TherapeutIn bereit, mir ihr Behandlungskonzept zu erklären?
- Ist die TherapeutIn bereit, mir etwas über ihre berufli-

chen Erfahrungen im Umgang mit der Borderline- Erkrankung zu erzählen?
- Zeigt die TherapeutIn Interesse an meiner Person?
- Ist die TherapeutIn bereit, mit mir alle diagnostischen Fragen durchzugehen?
- Kann ich mit der TherapeutIn gemeinsam einen Therapieplan erstellen?
- Finde ich bei der TherapeutIn einerseits das entsprechende Einfühlungsvermögen, ist sie andererseits aber auch bereit, mit mir über unangenehme Dinge zu sprechen?

Zu diesen Fragen lassen sich selbstverständlich noch weitere Punkte notieren, die Ihnen für den Beginn einer Therapie wichtig erscheinen. Diese können Sie dann nach den Sitzungen überprüfen, wie Sie sie wahrgenommen haben.
Wenn Sie dennoch bei der Suche nicht weiterkommen, sprechen Sie mit Ihrer Haus- oder NervenärztIn oder orientieren Sie sich an einer der unten stehenden Anschriften.

Schwierigkeiten während der Behandlung

Ein Kriterium der Borderline-Erkrankung ist die Schwierigkeit, eine Beziehung gleichbleibend stabil zu gestalten oder zu erleben. Deshalb ist es naheliegend, daß auch die therapeutische Beziehung nicht ganz ohne Spannungen und Schwierigkeiten verläuft. Es kann Phasen geben, in denen Sie sich wenig verstanden fühlen, nicht die richtige Unterstützung zu bekommen glauben oder in ein destruktives Verhalten fallen und nicht wirklich in der Therapie mitarbeiten wollen. Immer wenn Sie merken, daß die Therapie, aus welchen Gründen auch immer, einen ungünstigen Verlauf nimmt, sollten Sie darüber sprechen. Fassen Sie den Mut, denn nur dadurch kann Ihnen ein Fortschritt in der Therapie gelingen. Wenn Sie weniger mutig sind, versuchen Sie, Ihre Empfindungen in einem Brief an Ihre TherapeutIn niederzuschreiben.

Stationäre Behandlung

Eine stationäre Behandlung kann unter Umständen für eine bestimmte Zeit für Sie sinnvoll sein, und zwar gerade, wenn die Begleitsymptomatik psychotherapeutisch und medizinisch kaum zu bewältigen ist oder die Umgebungsfaktoren zu belastend sind. Insbesondere dient ein Klinikaufenthalt dem Schutz der Betroffenen, wenn suizidales oder selbstschädigendes Verhalten vorliegt. Um sich im Alltag jedoch besser zurechtzufinden und um die Begleitsymptomatik unter Alltagsbedingungen bewältigen zu lernen, ist eine ambulante Behandlung in den meisten Fällen vorzuziehen. Es gibt eine Reihe von Kliniken, die sich auf die Behandlung von Borderline-Erkrankungen spezialisiert haben. Die Wahl der stationären Einrichtung hängt von Ihren örtlichen Gegebenheiten und manchmal auch von Ihrem körperlichen Zustand ab. In diesem Sinne kann jedes psychiatrische oder psychosomatische Krankenhaus für Sie zunächst hilfreich sein. Ihr Arzt für Psychiatrie oder die Ambulanz der nächsten psychiatrischen Einrichtung kann Ihnen dabei am besten weiterhelfen. Wir wollen hier nur einige spezifische Kliniken nennen:

- Universitätsklinik für Psychiatrie und Psychosomatik, Dr. med. H. Saß, Pauwelstr. 30, 52074 Aachen, Tel. 0241/8080
- Universitätsklinik für Psychiatrie und Psychosomatik, Dr. med. M. Bohus, Hauptstr. 5, 79104 Freiburg, Tel.0761/ 2706501

- Klinik für Psychosomatische Medizin, Dr. med. K. Stauss, 87730 Grönenbach, Tel. 08334/981100
- Universitätsklinik für Psychosomatische Medizin und Psychotherapie, Dr. med. A. Eckhardt, 55166 Mainz, Tel. 06131/177340

Anschluss an eine Selbsthilfegruppe

Nach einer stationären Behandlung oder neben einer ambulanten Psychotherapie kann zusätzlich die Teilnahme an einer Selbsthilfegruppe für Sie hilfreich sein. Nach dem Konzept der Anonymen Alkoholiker (AA) hat sich in manchen Großstädten auch die Gruppe der Borderline-Anonymes (BA) zusammengefunden. Informationen über diese Gruppen erhalten Sie bei den untengenannten Einrichtungen. Auch psychosoziale Beratungsstellen vor Ort helfen Ihnen dabei weiter. Sollten Sie keine Möglichkeit der Selbsthilfe finden, unterstützen psychologische Kurse oder Seminare, z.B. zur sozialen Kompetenz (Selbstsicherheitstraining), möglicherweise Ihre persönliche Weiterentwicklung, genauso die Teilnahme an körperorientierten oder kreativen Kursen.

Beratungsstellen und ambulante Einrichtungen

Neben den genannten medizinischen Einrichtungen bieten auch die folgenden Beratungsstellen und Ambulanzen Informationen (hier kann nur eine kleine Auswahl getroffen werden und keine vollständige Aufzählung erfolgen):

AFKV, 45894 Gelsenkirchen, Breddestr. 54, Tel. 0209-76490
FAVT, 79098 Freiburg, Belfordstr. 16, Tel. 0761-2706501/2
BAP, 80634 München, Nymphenburgerstr. 185, Tel. 089-13079314
CIP Bamberg, 96047 Bamberg, Markusplatz 3, Tel. 0951-8631910
DAP, 01099 Dresden, Priessnitzstr. 6, Tel. 0351-8036455
DBT-Netzwerk Darmstadt, c/o Praxis H. Gunia, Heidelberger Landstr. 171, 64297 Darmstadt, Tel. 06151-538013
FIKV, 31812 Bad Pyrmont, Bombergallee 11, Tel. 05281-606763
GAP, 60325 Frankfurt/Main, Beethovenstr. 18, Tel. 069-7411888
IFKV, 67098 Bad Dürkheim, Kurbrunnenstr. 21 a, Tel. 06322-68019
IVB, 14199 Berlin, Hohenzollerndamm 125/126, Tel. 030-89538313
IVT, 15907 Lübben, Kastanienallee 80, Tel. 03546-181508
IVT, 68165 Mannheim, Stresemannstr. 4, Tel. 0621-415364
IWVT, 22085 Hamburg, Heinrich Hertz-Str. 17, Tel. 040 - 221620
NIVT, 28213 Bremen, Parkallee 205, Tel. 0421 2010296
SZVT, 70178 Stuttgart, Christophstr. 8, Tel. 0711-9669663
TAVT, 72072 Tübingen, David von Stein Weg 26, Tel. 07472-442600
WKV, 35037 Marburg, Deutschhausstr. 36, Tel. 06421-683115
KLVT, 50674 Köln, Engelbertstr. 44, Tel. 0221-2402556

Weiterführende und **umfassende Informationen** erhalten Sie im Centrum für Integrative Psychotherapie CIP, Nymphenburger Str. 185, 80634 München, Fax 089-132133

Wer sich mit der **Autorin** in Verbindung setzen möchte:

Ingrid Sender, Dipl.-Psych.
Kandelstr. 11
79106 Freiburg
Tel. 0761-2021706
Fax 0761-2025826

23. Weiterführende Literatur

Eckhardt, A.: Im Krieg mit dem Körper. Autoaggression als Krankheit. Rowohlt Taschenbuch Verlag, Reinbek bei Hamburg 1994

Gneist, J.: Wenn Haß und Liebe sich umarmen. Das Borderline-Syndrom. Ein Psychosdrama unserer Zeit. Piper Verlag, München 1995

Kabat-Zinn, J.: Gesund durch Meditation. Das große Buch der Selbstheilung. O.W. Barth, Bern 1996

Kreismann, J.J. & Straus H.: Ich hasse dich - verlaß mich nicht. Die schwarzweiße Welt der Borderline-Persönlichkeit. Kösel-Verlag, München 1992

Linehan, M.M.: Dialektisch-Behaviorale Therapie der Borderline-Persönlichkeitsstörung. CIP-Medien, München 1996.

Linehan, M. M.: Trainingsmanual zur Therapie der Borderline-Störung. CIP-Medien, München 1996

Stauss, K.: Neue Konzepte zum Borderline-Syndrom. Stationäre Behandlung nach den Methoden der Transaktionsanalyse. Das Grönenbacher Modell. Jungfernmann, Paderborn 1994

Sachsse, U.: Selbstverletzendes Verhalten. Psychodynamik - Pschotherapie. Vandenhoe & Ruprecht, Göttingen 1994

Thich N. H.: Das Wunder der Achtsamkeit. Einführung in die Meditation. Theseus Verlag Zürich 1993

24. Stichwortverzeichnis

Ratgeber · Psychotherapie

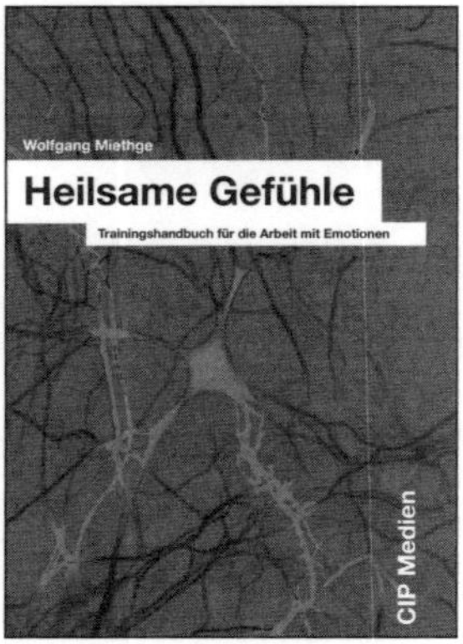

Heilsame Gefühle

Wolfgang Miethge

Emotionale Arbeit ist in der Psychotherapie unverzichtbar. Dieses Buch gibt praktische Hinweise, wie die für dauerhafte therapeutische Veränderungen notwendige Aktivierung, Modifikation und Selbststeuerung von Gefühlen erfolgen kann. Zahlreiche Übungen werden gut nachvollziehbar beschrieben, ihre Indikation, ihre Wirkung und ihr Ziel jeweils verständlich gemacht.

Ein Praxis- und Arbeitsbuch für alle Psychotherapeuten.

2002 • € 22,00 • Bibl.-Nr. 16095

Nichtraucher werden und bleiben

Der Raucher-Ratgeber. Mit frischem Wind gegen den blauen Dunst

Heribert Unland

Damit wird Ihre Entwöhnung zwar nicht einfach - das geht auch nicht mit der besten Methode - aber einfacher als Sie denken.

2000 • € 14,00 • Bibl. Nr. 14022

Angst erfolgreich überwinden

Effektive Strategien zur Angstbewältigung

Hans-Ulrich Dombrowski

Auch Sie können es schaffen, aus dem Teufelskreis der Angst herauszukommen und wieder Lebensqualität zu entwickeln.

Es werden Ihnen erprobte und effektive Strategien der modernen Psychologie vorgestellt, mit deren Hilfe Sie lernen können, ihre Ängste zu bewältigen.

2001 • € 14,00 • Bibl. Nr. 14039

Ratgeber · Psychotherapie

Ratgeber Depression

Serge K. D. Sulz

Alles, was Sie für das Verständnis und den Umgang mit Krankheit und Kranken wissen sollten.
Betroffene finden den Ursprung Ihrer Depression und erkennen den Weg aus dem Leiden. Angehörige und Helfer finden zum Verständnis des Patienten und lernen richtig zu helfen.

1993 • € 14,00 • Bibl. Nr. 10018

Hans-Ulrich Dombrowski

Lösungswege bei Alkoholproblemen

Im vorliegenden Buch wird Ihnen ein Modell vorgestellt, das Alkoholmißbrauch und -abhängigkeit als fehlgeschlagenen Bewältigungsversuch versteht, um mit den anfallenden Problemen und Anforderungen erfolgreich umgehen zu können.

1999 • € 14,00 • Bibl. Nr. 14041

Hans-Ulrich Dombrowski

Wege zu mehr Selbstvertrauen

Hilfreiche Strategien zur Erhöhung des Selbstwertgefühls.

1998 • € 14,00 • Bibl. Nr. 14037

Hans-Ulrich Dombrowski

Wieder Zuversicht gewinnen

Es ist möglich, aus dem Loch der Depression herauszukommen und Lebensfreude zu gewinnen.
Der Ratgeber möchte Mut machen, Ihr Leben wieder selbst in die Hand zu nehmen.

1998 • € 14,00 • Bibl. Nr. 14038

Willi Ecker

Die Krankheit des Zweifelns

Wege zur Überwindung von Zwangsgedanken und Zwangshandlungen

2000 • € 14,00 • Bibl. Nr. 14035

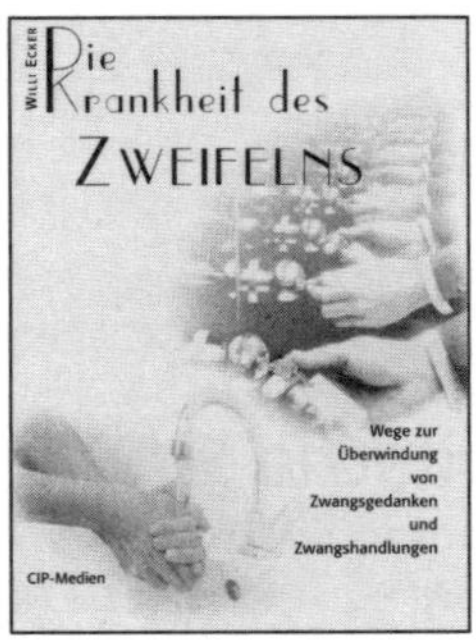

Als Sisyphus seinen Stein losließ. Oder: Verlieben ist verrückt!

Ein psychologisches Lesebuch über menschliche Überlebensformeln und individuelle Entwicklungschancen

Serge K. D. Sulz

Der Reichtum an klinischer Erfahrung, die Klarheit in der gedanklichen Durchdringung und die emotionale Sensibilität im Erspüren der menschlichen Psyche lassen den Leser eintauchen in das, was Menschsein mit Leib und Seele heißt, lassen ein tiefes Verständnis entstehen, sich selbst in diesem Spiegel zu finden, die Bindungen zu den wichtigen Anderen zu begreifen und die Entstehung und weitere Entwicklung als Kosmos zu erblicken, der unser Leben umspannt. Eine spannende Lektüre für alle, die interessiert sind am Verständnis der menschlichen Psyche und unvermeidlich auch am Verstehen des eigenen Selbst und seiner Beziehungen.

2000 • € 29,00 • Bibl. Nr. 10022

Ratgeber Partnerschaft

Petra Schulte-Wintrop

Dieses Buch möchte Ihnen zentrale Merkmale gelungener Partnerschaften vorstellen und diesen wichtige Störfaktoren gegenüberstellen, welche die häufigsten Ursachen von Partnerproblemen und Trennungen sind. Es stellt darüber hinaus Lösungsstrategien vor, die sich in der Praxis im Umgang mit den jeweiligen Problembereichen bewährt haben.

2003 • Bibl.-Nr. 16236 • € 14,–

Gerd Mannhaupt

Welche Schule ist die beste für mein Kind?

Psychologische Hilfestellungen zur Schullaufbahn

1998 • € 14,00 • Bibl. Nr. 14036

Dialektisch-Behaviorale Therapie der Borderline-Persönlichkeitsstörung

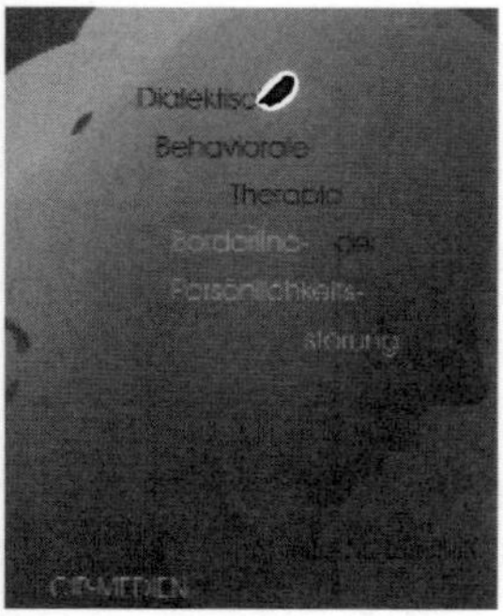

Marsha Linehan

Dialektisch-Behaviorale Therapie der Borderline-Persönlichkeitsstörung

In deutscher Sprache!

Das wichtigste Therapiebuch für Borderline-Störungen, das umfassendste Verständnis der Psyche dieser Menschen, die exzellenteste Beziehungsarbeit, die wirksamsten Therapiestrategien, das Ergebnis 20-jähriger Entwicklung des dialektischen Therapieansatzes, mit wissenschaftlichen Nachweisen der therapeutischen Wirksamkeit.

1996 • € 74,00 • Bibl. Nr. 10998

Marsha Linehan

Trainingsmanual zur Dialektisch-Behavioralen Therapie der Borderline-Persönlichkeitsstörung

Neben der Interaktions- und Beziehungsarbeit im Einzelgespräch ist das Training psychosozialer Fertigkeiten Hauptbestandteil der DBT.

Statt eines trockenen Kochbuches finden wir hier eine lebendige Darstellung der schwierigsten Situationen mit Borderline-PatientInnen.

1996 • € 44,00 • Bibl. Nr. 10999